はじめに

　本書は、平成28年11月に行われた第49回全国小学校理科研究大会大阪大会（大会主題：知識基盤社会の時代を切り拓く人間を育てる理科教育　研究主題：自然への問いをもち、自らの学びを他者と共有しながら深めていく子どもの育成〜「感性」と「理性」が高まる理科学習の展開〜）の会場校である大阪市立古市小学校の授業研究過程で発案されたアイデアがもとになっています。当該校は、研究主題を「子どもの自然への主体的なかかわりを拓く理科学習の創造〜思考の可視化・協働化・連続化を促す場を手がかりに〜」として、子どもの自然への主体的な関わりを実現するために、特に「思考」に着目してきました。永遠の課題とも言うべき「学びの深化」に焦点を置き、そのような授業を目指す上での最も重要なポイントは「思考」であるという共通認識のもと、研究に取り組んできたわけです。

　本書では、思考スキルの活用によって、子どもたちの主体的な思考が引き出され、学びが深化していく授業アイデアを示しています。もちろん、小学校と限定した事例ではあるものの、入学当初の1年生から卒業間際の6年生に至る子どもを対象としていることから、幼稚園児や中学生にも応用できると考えられます。逆に、応用できるように配慮してきた事例もあります。ただ、数年先には、教育環境が変化し、アイデアとして通用しないものもあるかもしれません。例えば、学校の建築基準がガラッと変わり、理科室などの特別教室をはじめ、普通教室のデザインが一新されたり、校内によく見かけた庭、池、畑、飼育小屋などが姿を消したりするかもしれません。その場合、それらに関わるアイデアは、直接には役に立たなくなるでしょう。しかしながら、よく考えてみると、「学習者中心」や「自覚

化」といったいわゆる教育活動の芯にあたる部分が確かで、ぶれていないのであれば、「学びの深化」を導く原理・原則は、それほど変わらないのではないかと思います。またそうであると確信しています。その点では、未来にわたっても活用できる内容が網羅されていると自負している次第です。

このような思いや考えから、実践的アイデアのみならず、具体的な実践経験から得られた知恵によるコラム、理科室・理科準備室をはじめとする校内環境・人材環境のアイデアなども載せています。本書が読者の皆様にとって、新しいアイデアを思い付くための「種」や「芽」になることを切に希望しています。授業実践に行き詰まったとき、あるいは、もっと充実させたいと感じたとき、本書の内容を取り上げ、試行・吟味・検討するといったように、目前の子どもの学びや育ちにつながることを期待しています。さらに、読者の皆様の指導力向上に少しでもお役に立つことができたとしたら、この上ない喜びです。

また、本書より発想されたアイデアをもとに、読者の皆様と交流を図ることができれば、私たちにとって成長の糧になることは間違いありません。忌憚のない一報をお寄せいただければ幸いです。

なお、執筆・編集におきまして関係の皆様には、大変お世話になりました。特に、大阪市立古市小学校の松本容子校長先生をはじめ、資料提供にご尽力いただきました40名近くの研究同人：古市理科の会の皆様に深くお礼を申し上げます。また、東洋館出版社の上野絵美様には、編集作業上、思いの外ご心配をおかけしましたにもかかわらず、最後まで多くの助言を賜りましたことに心より感謝申し上げます。

溝邊　和成
平成29年9月吉日

小学校理科

「深い学び」につながる
授業アイデア64

―思考スキルで子どもの主体性を引き出す―

東洋館出版社

小学校理科
「深い学び」につながる
授業アイデア
64

(もくじ)

はじめに ………………………………………………… 1

第1章
子どもの思考を可視化するアイデア ……………… 9

【見えるツール】
- ❶ トリセツ ……………………………………… 10
- ❷ ちょっとチャット …………………………… 11
- ❸ ドットグラフ ………………………………… 12
- ❹ 仲間分けツール ……………………………… 13
- ❺ イメージ図 …………………………………… 14
- ❻ 着せ替え設計図 ……………………………… 15
- ❼ 新語で解説 …………………………………… 16
- ❽ 音の絵 ………………………………………… 17
- ❾ たとえマトペ集 ……………………………… 18
- ❿ タイトル命名ボード ………………………… 19
- ⓫ オピニオンボックス ………………………… 20
- ⓬ 巻物風ポスター ……………………………… 21
- ⓭ 匠のこだわりボード ………………………… 22
- ⓮ カード to カード …………………………… 23

【パフォーマンス】
- ⓯ That's ショータイム ……………………… 24
- ⓰ トライ and トライ ………………………… 25

㉗ こだわりの実験セット ……………………………… 26
⑱ 3分クッキング風実験解説 …………………………… 27
⑲ タブレット端末動画でプレゼン ……………………… 28
⑳ ICレコーダーで録音 …………………………………… 29
㉑ 調べたいことチェックリスト ………………………… 30
㉒ Ourブースの設置 ……………………………………… 31
㉓ 実物を使った説明 ……………………………………… 32
㉔ テレビショッピング風発表 …………………………… 33

[コラム①]　理科カルタをつくってみよう! ……………… 34

第2章
子どもの思考の協働性を高めるアイデア …………… 35

【持ち寄り・構築型】
㉕ ホワイトボード with 付箋紙 ………………………… 36
㉖ オノマトペ on the マップ …………………………… 37
㉗ 仲間による仲間分け …………………………………… 38
㉘ ものさしの共有 ………………………………………… 39
㉙ 共感を呼ぶ発表スタイル ……………………………… 40
㉚ 結果持ち寄り型交流 …………………………………… 41
㉛ おたずねボード ………………………………………… 42
㉜ お知らせボードと練り上げボード …………………… 43
㉝ 学習計画の練り合わせ ………………………………… 44

【分担・集約型】
㉞ いろいろな交流パターン ……………………………… 45
㉟ リアルタイムに結果の書き込み ……………………… 46
㊱ 名札カードで全員参加 ………………………………… 47
㊲ 協働して本づくり①〜教科横断型〜 ………………… 48
㊳ 協働して本づくり②〜教科内焦点型〜 ……………… 49

［コラム②］　複数学年で掲示物をつくってみよう！ ……… 50

第3章
子どもの思考の連続性を保障するアイデア ……… 51

【ビフォアーから本時へ】
　㊴ ジグザグノート法 ……… 52
　㊵ 納得するまで同実験 ……… 53
　㊶ 再実験で前時の復習 ……… 54
　㊷ 学習前に自分で調査 ……… 55

【本時からアフターへ】
　㊸ ネクスト・チャレンジ ……… 56
　㊹ もっとチャレンジ！ ……… 57
　㊺ 考えと実験の振り返りマップ ……… 58
　㊻ 表裏で思考のドッキング ……… 59
　㊼ 子ども自身で学習計画 ……… 60
　㊽ 上乗せマップの活用 ……… 61
　㊾ コメントのコメント ……… 62
　㊿ その後カレンダー ……… 63
　㊼ 何度でも実験コーナー ……… 64

　　［コラム③］　「いのちと遺伝」について学ぼう！ ……… 65
　　［コラム④］　プログラミング学習のあれこれ ……… 66

第4章
探究意欲を高め、活動の過程を楽しむアイデア ……… 67

【ミッション型】
　㊼ SF（サイエンス・フィクション） ……… 68
　㊼ キャリアアップストーリー ……… 69
　㊼ ○○を解き明かそう！ ……… 70

【つながり探究型】
　❺ My説をつくろう！ …………………………………… 71
　❻ ○○編 ……………………………………………… 72
　❼ 似たもの探し ……………………………………… 73

　［コラム⑤］　月間テーマを設定しよう！ ……………………… 74

第5章 本物にふれる機会を保障するアイデア ……………… 75

【外部人材の活用】
　❺ ゲスト講師による特別講座 ……………………… 76
　❺ 専門家による評価 ………………………………… 77
　❻ 学芸員との連携 …………………………………… 78
　❻ 施設や企業による出前授業 ……………………… 79
　❻ 地域の知恵袋①〜米づくり〜 …………………… 80
　❻ 地域の知恵袋②〜伝統野菜づくり〜 …………… 81
　❻ 地域事業を取り入れて …………………………… 82

　［コラム⑥］　バナキュラー・サイエンスの大切さ …………… 83

付録　理科室経営マニュアル …………………………………… 85

1 理科室のアイデア ………………………………………… 86
　1 理科室見取図
　2 理科ハンドブックの作成
　3 観察・実験の身だしなみ
　4 座席の配置
　5 座席の周辺道具
　6 棚の活用
　7 救急箱の設置
　8 観察・実験中の災害への対応

2 理科準備室のアイデア ……………………………… 98
1 理科準備室見取図
2 備品台帳
3 備品購入
4 教材開発
5 薬品管理
6 準備・後片付け

3 校内環境のアイデア ……………………………… 109
1 学習園の掲示物
2 校庭改造計画
3 ICT設備
4 ちょっとサイエンスコーナー
5 委員会活動

4 校内研究のアイデア ……………………………… 120
1 研究の進め方
2 学習指導案のビジュアル化
3 事後検討会の流れ
4 研究のまとめ

5 校内研修のアイデア ……………………………… 128
1 理科室ルールづくり
2 教材研究としての地域探険
3 TPOに応じた講師の起用

編著者・著者紹介 ……………………………………… 131

子どもの思考を可視化するアイデア

「思考を可視化する」とは、
言葉や図表などを用いて、自分や友達の考えを
相手にわかりやすく表すこと。
本章では、ユニークな「見えるツール」と
多様な「パフォーマンス」で、
可視化を促すアイデアを紹介する。

アイデア 1 トリセツ

❶ 特徴

- 学習した内容と関連している身の回りのものや自分の作品の取扱説明書。
- 使い方や仕組み、注意点、工夫した点などをわかりやすく記述する。

❷ 工夫する点

- 図、写真に名称などを書き入れる。
- ①,②,③…と使い方の手順を示す。

❸ 効果

- わかりやすい表現を考えることによって、自分自身の理解も深まる。
- 身の回りにあるものやものづくり活動に対して、興味・関心が高まる。

❹ 活用場面例

◎6年「てこのはたらき」

トングの構造に、てこの原理が活用されていることを図解で示す。トリセツを作成して読み込むことで、てこの原理への理解が深まる。

トリセツに記入する内容をチェックリストにする。チェックを入れることによって、トリセツの記入内容に不足がないか確認しながら進めることができる。

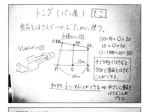

トリセツのチェックリスト

アイデア2 ちょっとチャット

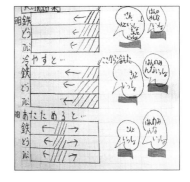

❶ 特徴

- ノートの余白に「チャット欄」を設ける。
- 矢印や吹き出しを用いて、自分の気持ちをつぶやくように表す。

❷ 工夫する点

- 付箋に自分の意見や考えを書き、友達のノートに貼ってもよい。
- いいなと思った友達の意見や考えをチャット欄に書くときは、色付けして目立たせたり、囲みの線を工夫したりしてもよい。

❸ 効果

- 自分の考えを簡単に書くことができる。
- 自分の意見や考えを、友達に容易に伝えられる。

❹ 活用場面例

◎4年「もののあたたまり方」

友達の意見や考えの中で特に取り入れたいものは、赤で囲む。また、重要なものは二重線で囲む。

囲みを工夫したチャット欄

アイデア 3 ドットグラフ

❶ 特徴

・同じ条件で得られた実験結果を点（ドット）で表し、そのばらつきをわかりやすくする。

❷ 工夫する点

・結果が重なりそうな場合には、あらかじめ点の形や色を変えて見やすくする。
・条件によって点の種類や色を変えると見やすい。

❸ 効果

・分布の様子を直感的にとらえやすく、変化の移り変わりが読み取りやすい。
・再現性について考えやすくなる。

❹ 活用場面例

◎3年「風とゴムのはたらき」

横軸を「ゴムを引っ張る長さ」、縦軸を「車の進む距離」とする。条件（ゴムの長さや本数）ごとに点の色を変えて記録する。ゴムを引っ張る長さ、ゴムの本数や太さによって、車が進む距離が変わることを考察しやすい。

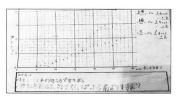

ゴムを引っ張る長さと車が進む距離

アイデア 4 仲間分けツール

❶ 特徴

・中心部に書かれたテーマについて、区切り線ごとに共通した言葉を書き込んでいき、仲間分けをする。

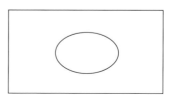

❷ 工夫する点

・自分が分けたい数に合わせて、区切り線を付け足してもよい。
・仲間分けしたグループごとに名前を付けてもよい。

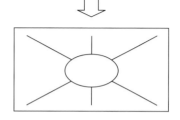

見えるツール

❸ 効果

・分類していくことで、テーマについての考えが深まる。
・グループごとに名前を付けることで、構成要素や下位概念、探究するための着眼点が明確になる。

❹ 活用場面例

◎1年「おと・オト・いろいろ」
（生活科）
3年「音の伝わり方」

校内で聞こえる音を擬音語で表現し、それらを分類する。それぞれの仲間を「○○な音」と名付ける。

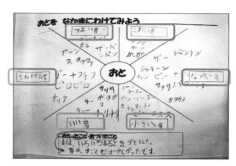

音の仲間分けとネーミング

第1章 子どもの思考を可視化するアイデア　13

アイデア 5 イメージ図

❶ 特徴

・単語や短い文章を加えながら、対象の略図やスケッチを描く。

❷ 工夫する点

・わかっていることだけではなく、わからないことや調べたいことも書き込む。
・自分の書き込みについての自信度や納得度を表現するために色分けをする。

❸ 効果

・学びたいことを明確にし、次時での学習に生かすことができる。
・自分や友達の考えがよくわかる。

❹ 活用場面例

◎6年「人や動物の体」

右の3点の図のように、単元を通して同じフレームのシートを使うことで、書き込む量や内容の変化がよくわかる。

6年「水溶液の性質」、6年「大地のつくりと変化」などでの活用も考えられる。

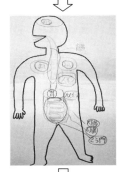
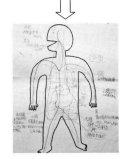

イメージ図の変化

見えるツール

アイデア 6 着せ替え設計図

❶ 特徴

・実験で使う道具を紙や磁石で作成し、それを貼ったりはがしたりしながら、実験の設計図をつくる。

❷ 工夫する点

・実験に合わせて、説明や理由を書き込む。
・ホワイトボードに限らず、紙やノートでもよい。
・できたことや変更したことなどを、赤や青の色鉛筆で書き足していく。
・定量的な感覚を養うために、数量を意識させる。

❸ 効果

・設計図の作成を通して、自分たちの考えを表現することができる。
・焦点化することで、他のグループとの比較ができる。

❹ 活用場面例

豆電球・乾電池・導線のパーツ

◎3年「電気の通り道」
　乾電池・光電池・豆電球・スイッチを貼り、導線を手書きする。考えを表現しながら、焦点化した話し合いができる。**4年「電流のはたらき」**でも活用できる。

◎2年「ころころころがせ」（生活科）
　樋やホースと牛乳パックを使って、金属球を目標地までころがすための設計図をつくる。牛乳パック○個分で段数を表すようにして、高さに目を向けさせることで、定量的な見方ができる。自分の考えを説明したり、グループで相談したりするときに有効である。

見えるツール

アイデア 7 新語で解説

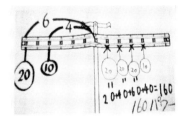

❶ 特徴

・自分の考えを説明する際に、新語（自分たちで新しくつくった言葉や記号）で表現する。

❷ 工夫する点

・学級で新語についての共通理解を図る。
・学級に1冊、新語リストをつくっておく。

❸ 効果

・子どもたちが共通理解を図った新語から、どのような思考をしているかが見て取れる。

❹ 活用場面例

◎4年「電流のはたらき」

　乾電池のつなぎ方と電流の強さを調べる実験結果について、「『プラマイつなぎ』は豆電球がとても明るくつき、『プラプラつなぎ』は豆電球がつく時間が長かった」など、乾電池の極のつながる順に着目した新語で解説する。これにより、乾電池のつなぎ方の共通理解がより進む。おわりに、それぞれのつなぎ方を「直列つなぎ」「並列つなぎ」という言葉に置き換えることも容易である。

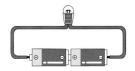
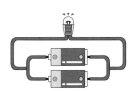

新語「プラマイつなぎ」と「プラプラつなぎ」

アイデア 8 音の絵

❶ 特徴

・音をいろいろな線や形、色などで表現する。

❷ 工夫する点

・簡単なオノマトペを使う。
・温かい、痛い、重いなど、諸感覚から得た言葉を付け加えてもよい。
・繰り返しのパターンや大小などで表現の幅を広げる。

❸ 効果

・音をどのようにとらえているかが明確になり、比較しやすくなる。
・音についての考えを共有しやすい。

❹ 活用場面例

◎ 1年「おと・オト・いろいろ」（生活科）
　3年「音の伝わり方」

　ストロー笛の長さや吹き方を変えることで、様々な音を出すことができる。自分の笛の音を「音の絵」（色、形、ことば）で表現し、似ている音を探す。ストロー笛の音の種類やその変化に気付くことができる。

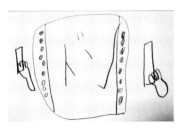

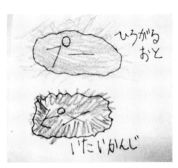

校内で聞こえる音を表現

アイデア 9 たとえマトペ集

❶ 特徴

- 比喩やオノマトペを使った学級オリジナルの表現をまとめた「たとえマトペ集」を、学級に1冊つくる。
- 「たとえマトペ集」の言葉を使って観察・実験結果を表現する。

❷ 工夫する点

- 「たとえマトペ集」の言葉を共通語として使う。
- 適切な言葉が見当たらない場合は、新しい表現を追加する。
- 「○○とは〜である」などの定型文を提示し、文章化してもよい。

❸ 効果

- 観察・実験結果をどのようにとらえているかが明確になる。
- 自分の考えを友達と共有しやすい。
- 他の実験結果と比較したり関連付けたりして考えやすくなる。

❹ 活用場面例

◎3年「植物の育ちとつくり」

　茎と根の境目の部分の色を「焼き芋みたいな色」、根の形状や色を「そうめんみたいだけど、ショウガにも見える」などと他のもので表している。

ヒマワリの根のたとえマトペ

アイデア 10 タイトル命名ボード

❶ 特徴

- 自分たちが考えた実験方法を命名する。
- ホワイトボードまたは画用紙に、グループ名・実験方法の命名・理由(目的と方法)を書く。

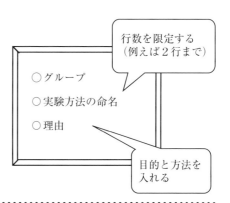

❷ 工夫する点

- 準備物や実験方法のキーワードを自分のノートから見つける。
- 「理由」は折り畳み式にして貼り付けたり、裏に書いたりしてもよい。
- 実験を考えながら命名し、実験後、結果・考察のときに変更してもよいとする。

❸ 効果

- 命名することにより、自分たちで実験方法の特徴を把握したり整理したりすることができる。
- 他のグループの方法が伝わりやすい。

❹ 活用場面例

◎6年「植物のつくりとはたらき」

教室での発表場所の配置に合わせて、タイトル命名ボードを黒板に貼ることで、どのグループが、どこで発表しているかがわかりやすくなる。

葉のでんぷんの調べ方

アイデア 11 オピニオンボックス

❶ 特徴

- 「知っていること」「疑問に思うこと」などのラベルを貼った箱に、思いついた言葉やアイデアを書いた紙を入れる。
- 授業時間はもちろんのこと、授業時間以外でも活用できる。

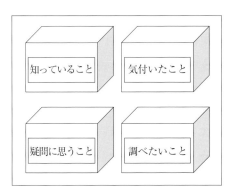

❷ 工夫する点

- 箱に入れる紙には、日付と名前を書く。
- 各箱に入っている言葉やアイデアを分類・整理する。

❸ 効果

- 授業の導入の段階で、テーマに対する言葉やアイデアを分類・整理することで、主体的に学習計画を立てることができる。

❹ 活用場面例

◎3年「磁石のふしぎ」

「知っていること」「気付いたこと」「疑問に思うこと」「調べたいこと」のラベルを貼った箱を用意しておく。導入の段階で、磁石について思いつく言葉やアイデアを書き、各箱に入れる。

オピニオンボックスに入れている様子

アイデア 12 巻物風ポスター

❶ 特徴

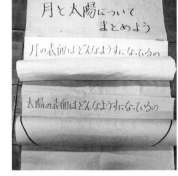

- 情報量が多くてもコンパクトな作品にできる。
- 一度に見せず、順番に発表することができる。

❷ 工夫する点

- 見やすくするために、順序性、物語性、起承転結、対比、因果関係などに配慮した内容構成にする。

❸ 効果

- 作者の意図を効果的に示すことができる。
- 聞き手の期待を喚起することで、集中を促すことができる。
- 発表する内容の重点化が図れる。

❹ 活用場面例

◎6年「月と太陽」

　月に住居をつくるためには、月の表面についてよく調べる必要がある。表面の温度や砂の成分、宇宙放射線の影響など、月の表面の様子と関係付けて住居のつくり方を巻物風の作品（縦30cm×横5m）にまとめる。順序立てて効果的に発表することができる。

住居のつくり方の巻物

見えるツール

アイデア 13 匠のこだわりボード

❶ 特徴

・作品名と解説を記したボードを、作品の傍らに置く。

❷ 工夫する点

・見やすくするために、譜面台を使う。
・めくりながら読めるようにする。

❸ 効果

・作者の意図や目的が理解しやすい。
・作者自身も意図や特徴を整理できる。

❹ 活用場面例

◎6年「月と太陽」

　食料としての動物が生きられるような環境づくりを考える。平地に近い「月の海」を活用したり、月の表面の温度や宇宙放射線の影響を考えて地中に穴を掘ったりすることが考えられる。それらの計画を「めくり型」にまとめることで、読み手は期待をもちながら、集中して内容を知ろうとする。

「めくり型」を使った発表

見えるツール

アイデア 14 カード to カード

❶ 特徴

- カード同士をひもでつないだもので、理由付けや関係付けを示すのに適した思考ツールである。
- 必ずセット（カード・ひも・カード）で扱う。

❷ 工夫する点

- カードの大きさを変えたり、くり返し使えるようにホワイトボード（画用紙をラミネートしたものでも代用可）を使用したりする。
- 応用として、オクトパスチャート（右図）がある。これは、1つのカードに複数のカードをひもでつなげたものである。

❸ 効果

- カードに書かれた内容同士がひもでつながっているため、考えた理由や関係付けた内容が明確になる。

❹ 活用場面例

◎3年「電気で明かりをつけよう」

電気を通すと思うものとその理由を書く。理由が同じものをひもでつなげる。予想を友達と共有し、見通しをもって実験に臨むことができる。

電気を通すものとその理由

見えるツール

第1章 子どもの思考を可視化するアイデア　23

アイデア 15 That's ショータイム

パフォーマンス

❶ 特徴

・ショー形式で、全体に向けて発表する。

❷ 工夫する点

・理由付けや関係付けがわかりやすいような発表構成にする。
・聞き手の興味・関心を引き付けるために、実演を交えて発表する。
・聞き手にも実際に試してもらうような参加型の発表にする。

❸ 効果

・発表者は緊張感をもって取り組むことができ、自分の考えを効果的に示すことができる。
・聞き手は期待をもち、集中して友達の考えを知ろうとする。

❹ 活用場面例

◎3年「風とゴムのはたらき」
　それぞれが調べたデータをもとに、目的の距離に台車を停車させる様子を実演する。

◎6年「てこのはたらき」
　参加者に左のうでにつるすおもりの重さと場所を決めてもらう。つり合うときの規則性を活用して、右のうでにおもりをつるしてつり合わせる。一発で成功できるか挑戦する。

ぴったりチャレンジ（3年）

一発チャレンジ（6年）

アイデア 16 トライ and トライ

❶ 特徴

- 予想→実験→予想→実験と繰り返す。
- 予想の根拠を考えるようにする。

❷ 工夫する点

- 条件を少しずつ変えていくことで、実験の精度を高める。
- 予想から実験だけでなく、実験から予想を導き出すことが重要となる。

❸ 効果

- 予想の立て方が身に付く。
- 試行錯誤を繰り返しながら、実験の確かさを得て、納得することができる。

❹ 活用場面例

◎3年「磁石の性質」

　磁石に引き付けられる物と引き付けられない物を仲間分けしていく。身の回りにある物から始め、実験を繰り返していく。磁石に引き付けられる力を手応えで感じとり、磁石と物との間を開けても引き付ける力が働いていることなどに気付くようになる。

◎2年「音」(生活科) 3年「音の伝わり方」

　「どうすればオルゴールがよく響くか」を考え、様々な材料の上に置いたり、中に入れたり、組み合わせたりして、材質の違い(薄い→厚い、やわらかい→固い)、形状の違い(小さい→大きい、丸い→四角い)に目を向けて試していく。

順番に並べた材料

パフォーマンス

アイデア 17 こだわりの実験セット

パフォーマンス

❶ 特徴

- 実験器具を組み合わせて装置をつくり、保管・展示しておき、予想を検証したり結果を考察したりするときに役立てる。
- 教室の後ろやろうかに、一定期間を設けて展示する。

❷ 工夫する点

- 「○○は〜するために使う」「〜ならば○○だということが言える」など、セッティングの根拠もボードに表しておき、実験装置の一部とする。

❸ 効果

- 実験に必要な器具や手順について、子どもたちが互いにチェックできる。
- 実験の目的や結果の考察を明確にすることができる。

❹ 活用場面例

◎6年「植物のつくりとはたらき」

葉のレプリカ(模型)を使用して、でんぷんを調べる実験セットをつくる。それを動かしながら、実験の手順を確認する。各自の実験セットをトレイに入れて保管し、必要に応じて相互チェックできるようにする。

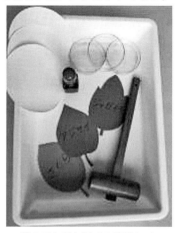

葉のでんぷん調べの実験セット

3分クッキング風実験解説

❶ 特徴

・料理番組のように、実験の装置や手順、様子を実演しながら解説する。

❷ 工夫する点

・必要な器具をレシピのようにリストアップする。
・時間短縮のため、「○分経過したものがこちらです」というように、あらかじめ用意したものを見せてもよい。
・実験を実況中継のように説明する。

❸ 効果

・実験の目的を明確にし、内容を効果的に伝えることができる。
・実験に必要な器具や手順について、お互いにチェックできる。

❹ 活用場面例

◎4年「もののあたたまり方」

　ペットボトルの中に線香の煙を入れ、空気の行方を見えるようにする。ペットボトルを温めたり冷やしたりして、ペットボトルの口から出る煙の行方を実況中継する。

① 実験器具をリストアップして示す

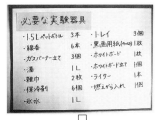

② あらかじめ用意したものを見せる

「10分間煙を入れたペットボトルがこちらです」

③ 実況中継する

「ペットボトルの口をご覧ください。さぁ、煙が出てきました！どこへ向かうのでしょうか？」

パフォーマンス

タブレット端末動画でプレゼン

❶ 特徴

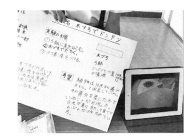

・タブレット端末の動画や写真を使って、プレゼンテーションを行う。

❷ 工夫する点

・実験の様子や観察したことを動画や写真にまとめて発表する。
・実験方法や準備物などは、画用紙にまとめてもよい。

❸ 効果

・どの場面をスライドショーや動画にするか考えることによって、思考を可視化することができる。
・動画や写真を見せることで、よりわかりやすい発表にすることができる。

❹ 活用場面例

◎6年「植物のつくりとはたらき」

葉のでんぷん調べの実験方法とその結果を効果的に発表できるように練習する。どのタイミングでタブレット端末を活用するかを考える。

◎3年「昆虫の観察」

言葉やスケッチだけでなく、写真や動画を利用することで、自分が観察したものを友達に伝えやすくなる。自信をもって発表できるようになる。

プレゼンの練習場面（6年）

動画で説明（3年）

アイデア20 ICレコーダーで録音

❶ 特徴

・各グループに1台のICレコーダーを用意し、実験中の音声を録音する。
・実験後のまとめや考察のときに、音声記録を活用する。

❷ 工夫する点

・音声をノートに記録する際のポイントとして、時間・対象・場面などを言葉にしておくとよい。

❸ 効果

・その時々につぶやいていることを記録に残すことで、グループの全員が活動を振り返ることができる。
・教師の授業評価に役立てることもできる。

❹ 活用場面例

◎6年「人や動物の体」
　夢中で観察している場面では、驚きや発見の言葉がたくさんつぶやかれる。音声記録を再生して、発見したことを確認しながら、子どもたちが付箋に書き起こしていく。

◎6年「水溶液の性質」5年「もののとけ方」
　実験中、机上にノートを置けないときなどに有効である。音声記録を再生し、文字にすることが必要になるため、高学年の活動に適している。

魚の解剖(6年)

パフォーマンス

アイデア 21 調べたいことチェックリスト

❶ 特徴

- 実験前に、調べたいことのチェックリストをつくる。
- 実験中に、調べることができたものにはチェックを入れていく。

❷ 工夫する点

- めあてに沿ったチェックリストになっているか、チェック項目数は適当か、事前に教師と共に確認する。
- チェック項目以外に、発見したことなどを加筆してもよい。

❸ 効果

- 実験でわかったこと、わからなかったことを可視化できる。
- めあてをもって、集中して取り組むことができる。
- チェックすることによって、達成感が得られる。

❹ 活用場面例

◎6年「人や動物の体」

　魚の解剖にあたって、知りたいところをチェックリストにする。ラミネート加工した写真入り説明書も用意し、細かなところを照らし合わせるとよい。

◎3年「昆虫の観察」

　継続的な観察では、「観察ポイント」を常時教室に掲示しておき、自分が観察した項目をノートにチェックしていく。日付を入れた表にしてもよい。

チェックリストを前にした話し合い

壁面掲示の観察ポイント

パフォーマンス

アイデア 22 Ourブースの設置

❶ 特徴

- 各グループが調べたり発表したりするOurブースを設置する。

❷ 工夫する点

- 各グループの人数は4人程度までにする。
- 調べる経過を交流したい場合は、互いのブースが常に見えるような配置にする。
- 互いの発表を競わせたい場合は、仕切りを立てて見えないようにすることも考えられる。

❸ 効果

- ブースがあることによって、集中力が高まり意欲的に行動することができる。

❹ 活用場面例

◎5年「雲と天気の変化」

　各ブースにパソコンとプロジェクタ、スクリーンを用意する。「明日の午後2時の学校の上空の天気を予想する」という課題に対して、各ブースで「〇日の〇時のアメダスのデータがほしい」「アメダスだけでなく風向きの資料が必要だよ」などと話し合いながら、データを重ね合わせて天気を予想する。また、右写真のように画面に定規を当てて「1日で4cm動いていたから、明日はこの辺りにこの雲が来るだろう」と予想する姿が期待できる。

Ourブース「天気予報会議」

パフォーマンス

アイデア 23 実物を使った説明

❶ 特徴

・実物を使いながら、よりわかりやすく説明する。

❷ 工夫する点

・順序性、対比、因果関係などに配慮した発表構成にする。
・対比、因果関係がわかりやすいように、実物を紹介する順番を工夫する。

❸ 効果

・わかりやすい表現を考えることによって、自分自身の理解が深まる。
・友達の考えがよくわかる。

❹ 活用場面例

◎2年「どろだんごをつくろう」（生活科）

粒の大きさ順

泥団子のつくり方について、実物を使って友達に説明する。土が取れる場所や砂の粒の大きさに着目して、実物を用意する姿が期待できる。また、混ぜる割合に着目することができる。発表の際に、粒の大きさの小さい順に砂を並べると対比しやすくなり、わかりやすい発表となる。

◎5年「電流がつくる磁力」

電流の強さやコイルの巻き数と電磁石の強さとの因果関係を、実物を使ってわかりやすく説明する。鉄心の材質や太さや長さ、コイルの半径を変えて発表することも可能である。

（パフォーマンス）

テレビショッピング風発表

❶ 特徴

・テレビ枠の模型を使いながら、テレビショッピングのように主張点を伝える。

❷ 工夫する点

・聞き手には、積極的に質問するように促す。
・発表に行き詰まった場合は、コマーシャルの時間を入れ、テレビ枠内に紙をかぶせて一時中断する。
・テレビの枠に画用紙を貼り付けて、テロップを入れる。
・テレビ枠を折りたたみ式にすると、持ち運びやすく保管しやすい。

❸ 効果

・自分の考えを効果的に示すために、内容を重点化したり、発表方法を工夫したりするようになる。
・聞き手は期待をもち、集中しながら聞くことができる。

❹ 活用場面例

◎6年「てこのはたらき」

　てこの仕組みを利用した道具をテレビショッピング風に示しながら、主張したいことや伝えたいことなど、ポイントを絞って発表する。聞き手も興味をもち、積極的に質問などを考える。

道具の仕組みを発表

パフォーマンス

理科カルタを つくってみよう！

①理科カルタとは？

理科の学習内容を表したカルタ。カルタの作成・使用を通して、学習内容を復習できる。

学期末や学年末に、学級や学年全体で作成する。選んだ内容や読み札に書く文、取り札のイラストに子どもの思考が表れる。

読み札（左）と取り札（右）

②理科カルタ作成の流れ

読み札と取り札とがセットになったひな形を配り、下書きをさせる。下書きが終わったら、型紙や画用紙に清書する。清書が終わったら、取り札と読み札を切り離して完成。完成したカルタを使ってカルタ大会を開き、学習の復習をする。

③気を付ける点

下書きの段階では、取り札と読み札を切り離さない方が整理しやすい。下書きを集め、表にして重複がないか、単元に偏りがないかをチェックする。

作品例
- フラスコは 中を洗って 逆さまに
- 顕微鏡 低倍率から 始めます
- 実験は 椅子を入れて 立ってしよう
- サーモテープ 一定温度で 色変わる

④工夫する点

- 読み札の文章はリズムが出るように、できるだけ五・七・五調にする。
- カルタの大きさは、子どもの実態を考慮して調整する。
- 実験器具の取り扱いや実験の際の注意事項をカルタにするのもよい。
- 異学年交流に活用したり、掲示物として使用したりするのもよい。

完成したカルタの掲示

第2章

子どもの思考の協働性を高めるアイデア

・・・・・・・・・・・・・・・・・

「思考の協働性を高める」とは、
互いの考えをつないだり重ねたりして、
洗練・吟味していくこと。
本章では、その特徴である「持ち寄り・構築型」と
「分担・集約型」に分けて、
協働性を高めるアイデアを紹介する。

アイデア 25 ホワイトボード with 付箋紙

❶ 特徴

- 実験や観察中に発見したことや驚いたことのつぶやきを随時、付箋紙に記録する。
- グループごとに1枚のホワイトボードに貼る。

❷ 工夫する点

- いつでも書けるように付箋紙を持たせておく。
- 子どもごとに色分けすると、名前を書くスペースを省ける。
- 同じ意見、違う意見で色分けしてもよい。
- 付箋紙の大きさや形のルールを決めておく。

❸ 効果

- 忘れてしまうようなつぶやきをリアルタイムで記録できる。
- 個人やグループの振り返りに生かすことができる。

❹ 活用場面例

◎3年「昆虫の観察」

グループで観察しながら、気付いたことを付箋紙に書く。共通点・差異点に分けて整理していくことができる。

コオロギの観察記録（3年）

◎4年「人の体のつくりと運動」

骨格模型を観察後、ホワイトボードの付箋紙を各自のノートに貼り付け直して、観察の結果を整理する。

持ち寄り・構築型

アイデア 26 オノマトペ on the マップ

❶ 特徴

- 身の回りの自然の事物・現象をオノマトペで表す。
- 紹介したいことを付箋に書き、地図に貼っていく。

❷ 工夫する点

- どの場所で聞いたか、見たか、感じたかを意識させる。
- 色々なオノマトペのパターンを事前に知らせておくとよい。
- 文字に色を付けて、変化をもたせるのもよい。

❸ 効果

- 感覚を働かせて、日常では気付きにくいことに着目させることができる。
- それぞれが見つけてきたオノマトペを比べ、少人数・クラス全体の協働化を図ることができる。

❹ 活用場面例

音の聞き分け

◎2年「音」(生活科) 3年「音の伝わり方」

「水そうからジーという音とピチャピチャという音がきこえたよ」「足音がドンドンときこえたよ」という気付きから、地図に「ジー」「ピチャピチャ」「ドンドン」と書いた付箋を貼る。

3年「太陽と地面のようす」、2年「これが土だ」(生活科)、1年「はれの日雨の日」(生活科)などでも活用できる。

持ち寄り・構築型

アイデア 27 仲間による仲間分け

❶ 特徴

・対象を、各グループもしくは学級全員で分類する。

❷ 工夫する点

・分類する観点を明確にする。
・グループ全員もしくは学級全員で目的意識を共有する。
・対象を囲んで作業する。

❸ 効果

・目的意識をもって、分類作業に取り組むことができる。
・持ち寄った考えを重ねたりつないだりすることで、観点が洗練・吟味される。

❹ 活用場面例

◎1年「いろいろな葉っぱ」(生活科)

　見つけた数種類の葉を各自で分類した後、友達と確認し合う。例えば葉の色や形で分類していた子どもは、交流するにつれて、大きさ、葉の縁の様子など、別の観点で分類していくことができる。学級全員で観点を共通理解したうえで、新たに葉を探す活動にも発展させやすい。また、最終的に自分たちで考えた観点で多くの葉を分類し、実物の葉や写真、観察した絵を模造紙に貼って、作品に仕上げる活動も可能である。

葉っぱの分類図

持ち寄り・構築型

アイデア 28 ものさしの共有

❶ 特徴

- 時間や長さ・温度などのものさしを用意する。
- 学習内容や疑問を付箋紙やカードに書き、ものさしの下に貼ったり置いたりする。

❷ 工夫する点

- みんなが同じものさしをもつ。最初に、自分のノートに書く。
- 二軸(時間と温度・時間と長さなど)を組み合わせることもできる。

❸ 効果

- 自分と友達の学習内容を視覚的に共有できる。
- 共通のものさしがあることで、調べている事柄の関係性に気付くきっかけとなる。

❹ 活用場面例

◎5年「動物の誕生」

成長マップを作成する際、一人一人が調べたことを付箋紙に書き、グループで整理する。縦に並べて貼ることで、関係付けを考えることができる。

◎4年「もののあたたまり方」

温度軸を用いると、水の状態変化を表しやすくなる。

◎5年「植物の成長」

時間と長さの軸を用いて、植物の草丈を記録することで、成長の様子の比較が容易にできる。

人の成長マップ(5年)

温度による水の
状態変化図
(4年)

持ち寄り・構築型

アイデア 29 共感を呼ぶ発表スタイル

❶ 特徴

・参観者の参加意識の高い発表形式である。
・クイズ、パワーポイント、紙芝居など発表方法を考える。

❷ 工夫する点

・質問やクイズなど対話を重視する。参加者のニーズに応じた方法を盛り込む。
・クラス内で行うポスターセッションでの意見を加味し、他学級や下学年・保護者に発表する機会をもつ。
・発表内容のポイントを絞る。

❸ 効果

・参加者と発表者共に、対話による思考の深まりが得られる。

❹ 活用場面例

◎6年「月と太陽」
　伝えたいことをクイズ形式にして出題する。紙で隠しておいた答えに、説明を加えて発表する。

◎3年「光の性質」
　実演しながら光の当て方と温かさの関係を説明する。手の感覚と温度計で確認している。

月への移住計画をクイズ形式で発表（6年）

実演で発表（3年）

持ち寄り・構築型

結果持ち寄り型交流

❶ 特徴

- 各自がしてみたい実験を行う。
- 同じ実験をした友達同士が集まり、結果を確かめ合う。
- その後で必ず学級全体で報告し合う。

❷ 工夫する点

- 個人の実験準備の時間を確保する。
- 実験方法・結果を各自でまとめておく。
- 交流時間は5分以内に制限し、交流前に要点をまとめておくようにする。
- ホワイトボードを使って、わかりやすくまとめる。

❸ 効果

- 一人一人が主体的に実験に取り組む。
- 結果を交流することで、より深い学びが成立する。

❹ 活用場面例

◎3年「ものと重さ」

ものと重さについて、他の材料を使ったり方法を変えたりして解決したことを発表し合う。黒板にそれぞれの実験結果を示したホワイトボードを並べて、互いの実験方法と結果を確認し合う。

記録用ホワイトボード

持ち寄り・構築型

アイデア31 おたずねボード

❶ 特徴

- それぞれが行っている問題解決の過程をボードに書く。
- 意見カードを友達のボードに貼ったり、友達の質問カードに対する回答カードを貼ったりして、お互いにアドバイスし合う。

❷ 工夫する点

- 誰が書いたかを明確にする。
- 理由も書くようにする。
- ボードの近くにカード・筆記用具・のりを置く。また、既習学年の学び直しのために、教科書を置くのもよい。
- 同学級の場合、他学級の場合、自分のボードに自分が書く場合など、カードを色分けする。
- 「ベストアンサー賞」を決める。

❸ 効果

- 随時、友達の考えを借りることができる。
- 授業時間以外でも活用できる。
- 他学級や他学年の子どもなど、誰もが参加できる。

❹ 活用場面例

◎5年「電流がつくる磁力」
電磁石を使ったものづくりの過程をボードに書く。

持ち寄り・構築型

アイデア 32 お知らせボードと練り上げボード

❶ 特徴

- 全体で共有したい情報を「お知らせボード」（ホワイトボードや黒板等）に書く。
- 自分の考えに対して友達の意見がほしい場合は「練り上げボード」に書く。

繰り上げボード

❷ 工夫する点

- いつでも書けるような環境をつくる。
- 情報を確認したり、考えの推移・変化をとらえたりするために、ボードを写真に撮って、日付入りでファイリングするとよい。
- 意見を集約しやすいように、書く場所を決めておく。
- 疑問や改善点、賛成・反対の意見がわかりやすいように文字を色分けする。

❸ 効果

- 自分の考えや友達の意見がわかりやすく、比較しやすいので、活発な交流が期待できる。

❹ 活用場面例

◎6年「月と太陽」

　月や太陽に関する新たな知識を「お知らせボード」に、各グループの月への移住計画を「練り上げボード」に書く。各グループの考えに対して、賛成・反対の意見を、根拠と共に書く。自分たちの移住計画を多面的に分析して、より妥当な考えをつくりだすことができる。

アイデア 33 学習計画の練り合わせ

❶ 特徴

- 子どもが学びたいこと、教師が子どもに学んでほしいことを互いに出し合う。
- 単元の配当時間数を使って、どのように学習を進めていくか、子どもと教師で練り合わせる。

❷ 工夫する点

- 毎時間のおわりに、学習の振り返りを行う際、達成率や延長時間なども書き込む。それをもとに学習計画の調整や修正を行う。
- 必修問題と選択問題に分けてもよい。

❸ 効果

- 持ち寄った問題や課題を重ねたりつないだりすることで、学習内容が洗練・吟味される。
- 毎時間の目標が明確になり、主体的に学習に取り組む姿が期待できる。

❹ 活用場面例

◎5年「ふりこのきまり」

　1往復する時間は何によって変わるのかという問題解決を、配当時間数3時間で行うことをはじめに確認する。毎時間のおわりに学習の振り返りを行い、その後の学習計画について子どもと教師で練り合わせを行う。

アイデア 34 いろいろな交流パターン

❶ 特徴

・教材と学年に応じて、人数編成や交流場所を変える。
・ペア、グループ、学級、学年、異学年交流などの交流パターンがある。

❷ 工夫する点

・交流のねらいと観点を明確にする。
・立ち話型、車座型など、対面の向きや机の配置(円形や横並び)を変える。
・お互いの意見を事前に把握できるように、板書と机の配置を対応させる、座席の背面に画用紙等を掲示する、ICT機器で表示するなど。
・自分の興味・関心をもとに、自由に見回ることができるようにする。

❸ 効果

・様々な意見の違いを認識して、主体的に自分の考えに取り入れることができるようになる。

ペンデュラム・ウェーブ(5年)

❹ 活用場面例

◎5年「ふりこのきまり」

ペンデュラム・ウェーブを囲んでトークする円形型交流で、異学年の子どもからの質問や感想に対応する。

◎6年「水溶液の性質」

予想や考察の交流の際に、ICT機器を活用し、友達の考えとの共通点・相違点から自分の考えを見直す。

塩酸に溶けた金属の行方
(6年)

分担・集約型

アイデア35 リアルタイムに結果の書き込み

❶ 特徴

・実験の途中で、結果を随時書き込んでいき、他のグループと共有する。

❷ 工夫する点

・実験結果を並べて比較しやすいように結果を書き込む場所を決めておく。
・必ずグループ名を書き込んでおく。
・数値や〇×といった結果だけでなく、そのときの様子(大きさ、重さ、形、色、音など)をできるだけ書き込む。

❸ 効果

・他のグループの実験の進み具合や結果を確認することができる。
・自分のグループと他のグループの結果を比べ、すぐに再実験できる。

❹ 活用場面例

◎1年「まぜるとできたよ」(生活科)

洗濯のりに塩を1杯ずつ混ぜたときの様子を短冊に書き、随時ボードに貼りに行く。他の班と比べやすいように1杯目、2杯目……の短冊を貼る場所を決めておく。**5年「もののとけ方」**でも活用できる。

短冊利用タイプ(1年)

◎3年「風とゴムのはたらき」

風の強さ、ゴムの引っ張る力と車の進む距離の関係を調べ、結果を随時グラフ・表に書き込む。他のグループの結果と比べ、再実験につなげる。

黒板利用タイプ(3年)

分担・集約型

アイデア 36 名札カードで全員参加

❶ 特徴

・ボードに全員分の名札カードを貼り、参加意識を高める。

❷ 工夫する点

・貼られた名札カードをもとにグループ編成を行い、話し合ったり、実験したりする。
・友達の考えを確認したり、自分の考えの推移・変化を確かめたりできるように、名札カードを貼ったボードを写真に撮って、保存しておく。

❸ 効果

・グループ全員で取り組む意識が高まる。
・友達の考えを意識しながら実験に取り組んだり、結果をもとに考察したりできる。

❹ 活用場面例

◎3年「ものと重さ」

子どもたちの疑問をもとに、ものと重さに関する問題を板書する。自分が解決したい問題に名札カードを貼り、グループ編成を行う。

グループ編成に利用(3年)

◎5年「雲と天気の変化」

予想の交流に利用(5年)

明日の天気を予想し、晴れ、曇り、雨のいずれかに名札カードを貼る。予想の理由を交流し合って、貼り直す。ボードを記録しておき、全員の予想と結果を見比べる。

アイデア 37 協働して本づくり①〜教科横断型〜

❶ 特徴

- グループあるいは学級で共通テーマを設定し、各自が調べたり学んだりしたことの中から、自分のテーマを選んで書く。
- グループあるいは学級ごとに、一冊の本にまとめる。

❷ 工夫する点

- 表紙・裏表紙も用意して製本する。図書館などにコーナーを設置し、誰もが見られるように引き継いでいく。
- タブレット端末に保存して、何人かで同時に見られるようにする。

❸ 効果

- 1教科にとどまらず、教科横断的な学習のまとめに取り入れることもできる。
- 学級全員が本づくりという共通目標に向かうことで、協働意識が高まり、達成感をもつことができる。
- 作成過程を通して、テーマに対する興味・関心をより高めることができる。

水ブック表紙

水ブック目次

❹ 活用場面例

◎4年「水ブックをつくろう」

　教科横断的な内容で、水ブックを作成する（国語・社会・理科・体育・図画工作・その他）。

　理科の学習内容から、さらに調べを進めて、例えば、水の圧縮についても理解を深めることができる。

分担・集約型

38 協働して本づくり②〜教科内焦点型〜

❶ 特徴

・1つのテーマについて各自が調べたことを、学級で1冊の本にまとめる。

❷ 工夫する点

・同じフォーマットでまとめることによって、共通点や差異点が明らかになる。
・担当者の名前を明記する。

❸ 効果

・子ども自身が、調べたことの中で重要だと考えること、伝えたいことを整理できる。
・同じ観点を設定することで、交流が容易となり、友達の調べたことが理解しやすくなる。

❹ 活用場面例

◎5年「メダカの誕生」

1冊の本にまとめる際、成長ラインという指標を横軸に、各自が調べたことを縦軸にとり、その二軸の交点に自分の名前を書きこむ。それによって分担が明確になり、協働的に作業を進めることができる。

メダカの成長事典

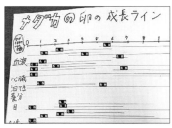

分担がわかる目次

分担・集約型

複数学年で掲示物を
つくってみよう！

①複数学年による掲示物作成のメリット

　1つのテーマを設定し、複数学年で掲示物を作成することによって、学年の垣根を越えた協働活動を行うことができる。また、他学年の学習に興味をもつきっかけにもなる。

②気を付ける点

・各学年で学習する内容の系統性を考慮する。
・作成した学年・氏名を明記する。

校庭の様子や各学年の学習園の様子を定期的に知らせる掲示

③工夫する点

・掲示された内容に関して、さらに知りたいことや疑問を書く欄や、書かれた内容に対する回答欄を設ける。
・掲示する内容は学年に応じて、クイズ形式にしたり、クロスワード形式にしたりしてもよい。

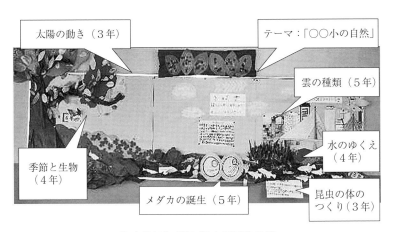

3・4・5年生が作成した掲示物の例

コラム❷

子どもの思考の連続性を保障するアイデア

「思考の連続性を保障する」とは、
以前の考えから現在の状況をとらえたり、
現在の考えをふまえて新たな見通しをもったりすること。
本章では、「ビフォアーから本時」、
「本時からアフター」の段階に分けて、
連続性を保障するアイデアを紹介する。

アイデア 39 ジグザグノート法

❶ 特徴

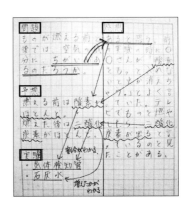

- 学習ノート1ページを2分割し、左半分には「問題」「予想」「実験方法」「結果」「考察」を、右半分には随時「感想」を書く。
- 学びのプロセスがわかるように矢印を引く。

❷ 工夫する点

- 内容どうしの関連度合いを、細い線や太い線、点線、片方矢印（→）、両方矢印（⇔）などを使って表現する。
- 以前の考えから今の考えに至る過程を振り返り、新たな考えにつなげやすくするために、右半分に思考（予想、見通し、考察、新たな疑問など）、左半分に情報（実験結果、調べたこと）というように分けてもよい。

❸ 効果

- 予想と実験、実験と考察を関連付けて考えやすい。
- 自分の学びのプロセスを振り返ることができる。

❹ 活用場面例

◎6年「ものの燃え方」

　燃焼前後の空気の変化について、自分の考えの順序性を意識しながら学習を進めることができる。

アイデア 40 納得するまで同実験

❶ 特徴

・自分たちの予想に基づいて実験をし、結果を得る。1回目で得られた結果に満足するのではなく、結果に確信がもてるまで何度も同じ実験を繰り返す。

❷ 工夫する点

・毎実験後、納得度（4段階）を付け、実験を続ける指標とする。
・実験結果を回数とともに記入し、確かさが得られるように一覧表にする。
・友達の実験結果も参考にできるように、「実験デザイン」や「予想・結果」を並べる。

❸ 効果

・実験結果に対する納得度の変化を確認することで、内容の定着が図れる。
・次段階で条件を変えて行う実験のデザインが容易にできるようになる。
・実験手順や操作の習熟が図れる。

❹ 活用場面例

◎**2年「ころころころがせ」**

　転がす玉が目標ラインに到達できたときの樋の高さを記録する。すぐに同じ樋の高さで実験をしたり、少し時間をおいて実験したりして、比較するデータを収集する。後日に、同じ条件（樋の高さや距離、転がす玉の種類等）で実験を行い、結果に確かさを得ることもできる。

5年「ふりこのきまり」、5年「電流がつくる磁力」での活用も考えられる。

アイデア41 再実験で前時の復習

❶ 特徴

・前時と本時の違いを明らかにするために、前時で学習した実験を再度実験する。

❷ 工夫する点

・前時で使った実験器具と同じ物を使う。
・前時の学習内容すべてにふれて、理解できるようにする。

❸ 効果

・前時の学習を全員で確認することで、思考の連続性が保障される。
・前時と本時を関連付けて考えることで、本時の問題を見いだし、把握しやすくなる。

❹ 活用場面例

◎4年「ものの温度と体積」

本時の導入の場面で、前時の復習をする。水の温度と体積の変化について、丸底フラスコとガラス管を使って、全員の前で子どもが再実験する。全員で確認した後、本時の学習内容につなげる。

② では、もっと水を冷やして氷にしたら体積はどうなるかな？

① 水を温めると、このように体積が大きくなります。逆に冷やすと、体積が小さくなります

④ 今日はそれを調べていきましょう

③ 水がぎゅっとなって、体積が小さくなるのではないかな？

アイデア 42 学習前に自分で調査

❶ 特徴

・単元導入前に事前調査を行い、回答と理由を記述することにより、子ども自身が自分の考えと向き合う。

❷ 工夫する点

・事前の考えと観察・実験後の考えを並べて見比べられるようにする。

❸ 効果

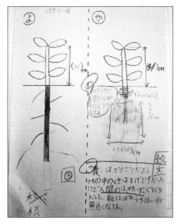

左：観察前　右：観察後

・子どもにとって、観察・実験の意図がより明確になる。
・教師は子どもの考えていることを把握し、それに基づいた授業を進めていくことができる。

❹ 活用場面例

◎3年「昆虫と植物」

　ノートの1ページを半分に分け、ヒマワリの根の様子の観察前と観察後を並べてかくことで、振り返りができる。昆虫は、さらに何度か継続してかくことで、細かい点にまで気付くことができる。

◎3年「ものと重さ」

　ペットボトルの置き方を変えてみて、「横に置くとずっしりとした感じ」「立たせると軽くなって寝かせると重くなる」などの考えをもとに、実験を始める。

ペットボトルの置き方を変えて計測

アイデア 43 ネクスト・チャレンジ

❶ 特徴

・本時で学習したことをもとに、次に何をするのかを導き出す。

❷ 工夫する点

・ノートや黒板に、わかったこととわからなかったことを分けて書く。

左：わかったこと　右：調べてみたいこと

・わかったこととわからなかったことを明らかにするために、割合（例えば「85%」「もう少し」など）を付ける。
・知りたいことや調べてみたいこと、やってみなければならないことを書き出し、順番を付ける。
・次時でのグループのメンバーや準備物を確認する。

❸ 効果

・本時で学習したことを整理して、次のチャレンジをつくりだす。
・次時のレディネスを高めることができる。

❹ 活用場面例

◎3年「磁石のふしぎ」

　ノートを半分に分け、磁石の極についてわかったこととわからなかったことを書き出し、調べてみたいことを導き出す。調べてみたい順番を付け、次時での実験のメンバーを決めたり、準備物の確認をしたりする。

アイデア 44 もっとチャレンジ！

❶ 特徴

- 学習したことをさらに発展させ、次にやってみたいことができる時間と場を保障する。
- やってみたいことを絵や文で表す。

❷ 工夫する点

- 子どもの発想を生かし、根拠のある予想をもって、次の活動に臨むようにする。

❸ 効果

- 学習したことをもとに、考えをさらに発展させることができる。
- 教師は子どもがやってみたいと思うことを知ることで、教材研究に生かすことができる。

❹ 活用場面例

◎6年「燃焼の仕組み」

ペットボトルのどの位置にどのように穴を開けたら燃え続けるかという実験で、穴の面積の小さいほどよいという課題に取り組む。予想の根拠を互いに確認し合いながら実験ができる。

◎2年「音」（生活科）3年「音の伝わり方」

糸電話の糸をたるませたり、結び方を変えたりして試す。聞こえたら手を挙げて確かめる。

糸電話で多人数トーク（2年）

本時からアフターへ

考えと実験の振り返りマップ

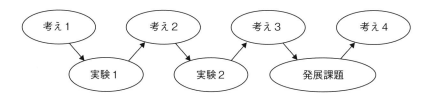

本時からアフターへ

❶ 特徴

・学習したことをマップ形式でまとめていく。
・考えと実験を分けてつなげる。
・毎時間の最後5分を使って文と絵で表す。

❷ 工夫する点

・時間の経過に沿って、考えと実験を矢印でつないでいく。

❸ 効果

・考えと実験を分けてつなげることで、整理しながら振り返ることができる。
・実験のめあてが明確になり、さらに知りたいことが発見できる。
・連続的な考えの変容を自分なりにとらえることができる。
・全体を把握することができる。

❹ 活用場面例

◎4年「もののあたたまり方」

金属のあたたまり方について、考えと実験をつないでいく。

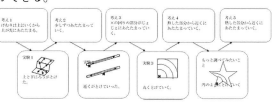

矢印でつないだマップ

アイデア 46 表裏で思考のドッキング

❶ 特徴

・「温める」「冷やす」、「引き合う」「退け合う」といった対義語を使って、自然の事物・現象の性質や規則性を考える。

❷ 工夫する点

・事物・現象を説明する対義語を使って、考えたり発表したりする。
・ワークシートやノートの表裏に対義語を使って説明を記入する。

❸ 効果

・対概念に着目することで、事物・現象に対する理解がより深まる。

❹ 活用場面例

◎4年「もののあたたまり方」

「温める」だけでなく、「冷やす」こともあわせて考えながら、温度変化に着目し、金属・水・空気の熱や冷の伝わり方を考える。

「温める」と「冷やす」

◎6年「人や動物の体」

ノートの表面に「吸う空気」、裏面に「吐き出した息」についてまとめる。ノートを何度もめくりながら、吸うとき、吐くときの様子について考える。

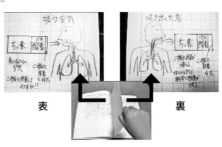

ノートの表裏

本時からアフターへ

47 子ども自身で学習計画

本時からアフターへ

❶ 特徴

・学習の全時間数を知り、どのように学習していくか計画を立て、学習を進める。

❷ 工夫する点

・全時間数と本時が何時間目であるかがわかるように表す。
・毎時間のおわりに、本時以降の学習計画の調整や修正を行う時間を確保する。学びの軌道修正に役立つデータとして、本時の達成率や延長時間を学習計画に書く。
・自分たちが毎時間に設定した目標を並べ、学びの軌跡として掲示する。

❸ 効果

・何を、いつ、どのようにすればよいのかといった学習の見通しをもつことができる。
・学びの軌道修正を自ら行う力が育成される。

❹ 活用場面例

◎6年「月と太陽」

導入で全時間数を把握した上で、月への移住計画をつくっていく。

本時の達成率や延長希望時間をもとに、その後の学習計画の調整や修正を行う。

学習計画の修正例（☐は、本時(3/5)終了後の修正部分（赤色で書く））

アイデア 48 上乗せマップの活用

❶ 特徴

・単元を通して概念マップを複数回かく。かくたびに自分は何を知っているのか、あるいは知らないのか、何を考えようとしているのかを吟味していく。

❷ 工夫する点

・概念マップの上に透明シートを重ね、その上からかく〈アナログ〉。
・パソコンで概念マップを作成すると、単元を通して更新していった複数バージョンの概念マップを、スライドショーにすることができる〈デジタル〉。

❸ 効果

・自らの思考の変化をとらえやすくなり、自信をもって新たな見通しをもったり、修正したりすることができる。

アナログ版

❹ 活用場面例

◎4年「もののあたたまり方」〈アナログ〉

金属・水・空気の概念マップの上に透明シートを重ねる。温まり方の共通点・相違点に着目し、新たな見通しをもって実験する姿が見られる。

◎6年「大地のつくりと変化」〈デジタル〉

単元を通して作成していった地中の様子の概念マップをスライドショーにすることで、自らの思考の変化をとらえやすくなる。

デジタル版

アイデア 49 コメントのコメント

❶ 特徴

- 提示された問題などに対して、既有の知識などを活用してコメントを入れる。
- 本時で学んだことをもとに、自分のコメントに対してコメントを入れる。

❷ 工夫する点

- コメントを比較しやすいように、ノート1ページを2分割し、コメントを横に並べる。コメントどうしのつながりがわかるように矢印を引く。
- コメントをする際、根拠を明確にするために理由も書く。

❸ 効果

- 考えの変化がとらえやすく、本時の学びを実感することができる。
- 自分のコメントを見直し分析することで、自信をもって新たな見通しをもったり、自分の考えを修正したりできる。

❹ 活用場面例

◎6年「てこのはたらき」

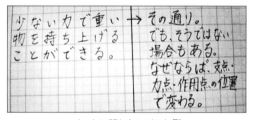

ノートに記したコメント例

てこについて知っていることを授業のはじめにコメントする。支点、力点、作用点の位置を変えて、おもりを持ち上げたときの手応えを比べた後、はじめに書いた自分のコメントに対してコメントする。自分の考えを修正していく子どもの姿が期待できる。

アイデア50 その後カレンダー

❶ 特徴

・飼育・栽培をしているもののその後の様子を予想し、日めくりや週間、月間カレンダーなどで表す。

❷ 工夫する点

・予想と結果の欄を分けたり、予想と結果を色分けしたりする。
・結果を絵に描いたり、撮影したりしてカレンダーに貼り付ける。
・天気、気温や水温なども記録しておく。
・結果をもとに随時、予想を修正することも認める。

❸ 効果

・見通しをもって継続して観察することができる。
・時間経過を意識して新たな見通しをもったり、自分の予想を修正したりすることができる。

❹ 活用場面例

◎3年「植物の一生」

ホウセンカがいつ発芽するか、その後どのように育っていくかを

5月のカレンダーの一部

予想し、月間カレンダーに書く。草丈、葉の枚数・大きさ、茎の太さなどを予想する。結果には、天気と気温も記録すると、成長との関係がわかりやすい。結果をもとに、予想を修正する。

◎5年「メダカの誕生」

日めくりや週間カレンダーを用いると、変化がとらえやすい。

アイデア 51 何度でも実験コーナー

❶ 特徴

・実験装置のコーナーを常置し、何度でも繰り返し実験できるようにする。

❷ 工夫する点

・授業で使用した実験装置と同じようにセットする。できるかぎり授業で使用した場所と同じところに置く。
・授業で実験した日から1週間ほど継続して置く。その後の1か月間は1週間に1度のペースで置くというように、頻度を考える。

❸ 効果

・納得がいくまで繰り返し実験することができる。
・授業での実験を思い出すことができ、より理解が深まる。

❹ 活用場面例

◎3年「電気で明かりをつけよう」

授業で使用した乾電池、導線、豆電球などをトレイに入れておき、実験した日から1週間ほど置く。その後の1か月間は1週間に1度のペースで置き、定期的に実験を思い出し、より理解を深める姿が期待できる。**5年「ふりこのきまり」、6年「てこのはたらき」**でも同様の方法が考えられる。

◎5年「花から実へ」

授業で観察したおしべやめしべ、花粉をスライドガラス、カバーガラスとともに顕微鏡の横に置いておき、いつでも観察できるようにする（ただし対象によっては期間限定にする）。

「いのちと遺伝」について学ぼう！

①ゲストティーチャーの招聘

5年「人の誕生」の調べ学習後に、遺伝の専門家（例えば遺伝カウンセラー）をゲストティーチャーとして招き、生命の尊厳と遺伝の多様性、唯一性、いのちのつながりについて学ぶ。

いのちのつながり

②いのちの尊厳を実感

いのちの始まりについて、受精卵の小ささと確率性から奇跡的な存在であることを知る。自分が存在しているその確率の数字の大きさなどを理解することで、尊厳性を実感する。

さらに、胎内での成長CGや心音の音声記録、出産の様子のDVDを視聴し、実感を高める。

『もっと知りたい!遺伝のこと』（科学技術振興機構、2016.3）

③遺伝の仕組み

親がつくる受精卵には遺伝子があり、受精卵の分裂や各臓器や器官への分化は遺伝子の働きによることを知る。その遺伝子が育ち、人が誕生するため、家族と似た特徴をもつことを知る。

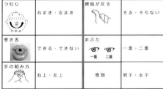

自分の特徴を知る

④人の特徴の多様性と差異性

遺伝的特徴を図で示した「遺伝の木」に自分の名前を貼り、個人のもつ特徴には違いがあることをとらえる。人体の形成は遺伝子によってプログラミングされていることや自分の遺伝的特徴を知ると共に、人の特徴には多様性と差異性があることを理解する。

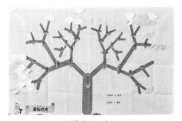

遺伝の木

プログラミング学習のあれこれ

①プログラミング学習とは

　プログラミング学習とは、意図する一連の活動を実現するために、何をどのように組み合わせていくか、有効で効率的な解決に向けて論理的に考えていく学習である。その事例を、以下に紹介する。

②2・3年「ローラーコースター」

・玉がうまく動くようにコースづくりをする。
・コースの高さや山の数を変え、予想した玉の動きをつくり出す。

動きを予想したコース

③3〜6年「リンクとギア」

・リンクやギアのブロックを使って、多様な動きを試しながら、つくり出したい動きをリンクやギアの組み合わせから生み出す。

リンクとギアの組み合わせ

④4年「ロボットアーム」

・人の体に似せてブロックを組み合わせたり、空気シリンダーを使ってつくったものを動かしたりする。

アームの動きをデザイン

⑤5・6年「プログラミング・ロボット」

第1時　ロボットの基本的な操作に慣れる。
第2時　タブレット端末とロボットの接続方法やプログラミングの仕方を知る。
第3時　ロボットを1m進ませて止めたり、もとの場所に戻したりする。
第4時　ジグザグのコース上を進ませる。
第5時　2点・3点を回って戻す。
第6時　これまでにマスターした技術を使ってできるコースを設定し、チャレンジする。

コースの設定

探究意欲を高め、活動の過程を楽しむアイデア

「探究意欲」は、活動の過程によって変化する。
本章では、教材との出会いを大切にする「ミッション型学習」[※1]と、
つながりに着目する「つながり探究型学習」[※2]のアイデアを
紹介する。

※1「ミッション型学習」とは、「対象の教材性」を出発点として、子ども自らが自然事象についての問題を見いだして常に見通しをもち、主体的・協働的に問題を解決する学習である。
※2「つながり探究型学習」とは、自分の興味・関心をもとに、自分ともの（自然）とのつながり、自分と人、ものとのつながりに着目し、自分の考えを広げたり、深めたりする学習である。

アイデア 52 SF（サイエンス・フィクション）

❶ 特徴

- 科学的な空想に基づいた創作（SF）を行う。
- 直接観察したり、手に取ったりすることができない対象に対して、理解を深める。

❷ 工夫する点

- 現実味をもたせるために、実際のデータをもとにシミュレーションすることを基本とする。

❸ 効果

- データに基づいて推論する力を育てる。
- 自由な発想で、主体的に学習に取り組むことができる。

ポスターセッション（実演含む）

❹ 活用場面例

◎6年「月と太陽」

　衣食住の観点をもとに、月に移住するために必要なもの（空気、水、食料、住居など）を考える。月についての知識を十分に得た上で、それを活用しながら多面的に考察する。より妥当な考えをつくりだすために、協働的に学ぶ必要がある。実演などを含めたポスターセッションを行い、考えた計画が実際に行われていることを知ったり、宇宙開発の関係者から発想を褒めてもらったりすることで、学ぶことの有用性が実感でき、学ぶ意欲や科学への関心を高めることにもつながる。**4年「水のすがた」「水のゆくえ」**では「ウォーちゃん、ターちゃんと旅をしよう」、**6年「人や動物の体」**では「血液を全身に送れ」「食べ物の変化を調べよ」にも活用できる。

アイデア 53 キャリアアップストーリー

❶ 特徴

・キャリア形成のストーリーになぞらえて、学習の流れを組み立てる。
・実技・筆記試験の合格をめざしながら、自分の研究課題に取り組む。

❷ 工夫する点

・自らを職業人（例えば「研究員」、「学芸員」、「医者」、「天気予報士」、「消防団員」、「花屋」）に設定する。

❸ 効果

・学習の課題が明確で、一つ一つ解決していく過程を通して、主体的に学習できる。
・自分の研究課題についてのレポートを作成することによって、学習の理解を深めることができる。

実技試験

認定バッジ

❹ 活用場面例

◎3年「ものと重さ」

　実技試験と筆記試験に合格した子ども（研究生）には認定バッジが授与され、全ての課題をクリアすると研究員になれる。実験のときには白衣を着用し、研究生や研究員としての自覚を促し、モチベーションを高める。

◎6年「ものの燃え方」

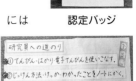
研究員への道のり

　「消防団員」として、燃焼の仕組みの3要素について研修し、速く消火する方法を考えることができるようにする。

アイデア54 ○○を解き明かそう！

❶ 特徴

- 教材との出会いにあたって、「○○を解き明かそう」という課題を設定する。
- インパクトのある実験を提示したり、生活経験との関係付けから規則性に着目していけるような解明問題を設定したりする。

❷ 工夫する点

- 何を実験していけばよいかを共通認識させる。
- 毎時間終了時の「振り返りタイム」と次時の初めの「ネクストチャレンジ」（アイデア43）をセットにして、自分の学習状況を把握させる。

❸ 効果

- 単元を通して解明問題を突き詰めていくことで、思考の連続性が保障され、納得いくまで実験できる。
- データをもとにした検証ができるようになる。

振り子（縦並び）

振り子（横並び）

❹ 活用場面例

◎5年「ペンデュラム・ウェーブを解明せよ」
　振り子運動の不思議さ・美しさとの出会いから、条件制御に着目させ、その動きを解明する学習過程を設定する。2種類の振り子（右写真）を提示し、そのどちらか1つを解明の対象とする。

◎4年「人の体のつくりと運動を解き明かそう」
　自分の体を動かしたり友達の動きを観察したりして、「うでが曲がる仕組みはどうなっているのだろう」「骨はどんな形をしているのだろう」など、必然的に出てくる疑問を解き明かしていく。

（ミッション型）

アイデア 55 My説をつくろう!

❶ 特徴

- 自分の興味・関心から、観察・実験をスタートし、自分と対象とのつながりを考える。
- 観察・実験に基づいた自分の発見をMy説とし、まとめたり発表したりする。

❷ 工夫する点

- 自分なりの観点をもって、対象に関わったりまとめたりする。
- 友達のMy説と比べながら、対象への理解を深める。

❸ 効果

- 独自の観点でつくり上げたこだわりに、友達との交流で得られた情報を加えることによって、より理解が深まる。

❹ 活用場面例

◎3年「My昆虫からMy説、Our昆虫記へ」

My昆虫を見つける。昆虫の体のつくり、成長の様子、行動や生活を観察し、My説をつくる。「食べているときの口は『お』の形をしています」「口の部分にちくちくした毛があります」などのMy説を発表し合う。発表後、My説の加筆修正をして、My昆虫記という個人作品やOur昆虫記という共同作品を作成する。

4年「My water ～」、6年「My body ～」での活用が考えられる。

My昆虫記の1ページ

つながり探究型

第4章 探究意欲を高め、活動の過程を楽しむアイデア

アイデア56 ○○編

❶ 特徴

- 1つのテーマに基づき、いくつかに分けて比較しながら考察する。
- 教材の内容に広がりが生まれる。

❷ 工夫する点

- 比較しやすいように、一貫した観点を用意しておく。

❸ 効果

- 共通点や差異点を見つけやすい。
- 調べ学習の際に観点を明確にすることができる(図1)。
- 比較しながら考察することによって、理解が深まり、きまりを見いだしやすくなる。

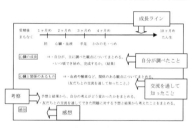

図1　人の誕生ノート例

❹ 活用場面例

◎5年「動物の誕生」

　受精から誕生までの成長過程をメダカ編・動物編・人編と分けることで、それぞれの成長を比較することができる。

◎4年「もののあたたまり方」

　固体編・液体編・気体編と分ける。

◎4年「季節と生物」

　春編・夏編・秋編・冬編と分ける。

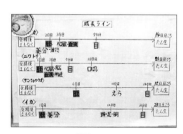

成長ライン

つながり探究型

アイデア 57 似たもの探し

❶ 特徴

・類似した事例を集めて同時に扱うことで、自然に対する理解を深める。

❷ 工夫する点

・身近な場所から収集活動を始めたり、自分の興味・関心が高いものから順に扱ったりして、自分を中心とした同心円的広がりをもたせて収集活動を行う。

❸ 効果

・主体的に学習に取り組むことができる。事例を収集すればするほど、より理解を深めることができる。
・学習内容と日常生活とのつながりを実感することができる。

学校（印刷室）で道具探し

商店街で道具探し

❹ 活用場面例

◎6年「てこのはたらき」

　てこと同じ原理である輪軸も同時に扱うことで、道具の特徴をより理解させることができる。てこ・輪軸の規則性を理解した後に、学校で使う道具、家庭で使う道具、お店や仕事場など地域で使われている道具の順に、道具探し（事例収集活動）を行い、道具事典としてまとめる。

　3年「磁石のはたらき」 では「磁石集め」、**3年「電気で明かりをつけよう」** では「○○を間にはさみ、電気をつけよう」、**5年「水溶液の性質」** では「○○を水に溶かそう」での活用が考えられる。

つながり探究型

月間テーマを設定しよう!

①教科横断的な学習

　カリキュラムづくりにあたって、月間テーマを設定し、テーマに沿って進めることによって、他教科とのつながりを意識することができる。

　教科横断的な学習を通して、テーマに対して科学的に探究しようとする意欲が生まれる。

②工夫する点

　月間テーマに沿った学習を計画する際には、季節や行事にも配慮する。

4年「水」月間

教科	前期(6月)	後期(10月・11月)
総合	水について調べよう 防災について学ぼう	大和川・淀川について調べよう
国語	水平線(詩) 漢字辞典の使い方を知ろう (水に関係のある漢字)	「ことわざブック」をつくろう (水に関係のあることわざ)
社会	なくそうこわい火事 命とくらしをささえる水	大和川のつけかえ 淀川をつくりかえた人々
理科	水の変化〈力編〉〈地面編〉	水の変化〈温度編〉

理科〈力編〉〈地面編〉の内容:

- 空気と水の性質
- 金属、水、空気と温度

→ 金属・空気・水

- 雨水の行方と地面の様子
- 天気の様子

〈力編〉水の圧縮

〈温度編〉
・水の温度と体積の変化
・水のあたたまり方
・水の三態変化

〈地面編〉
・地面の傾きによる水の流れ
・土の粒の大きさと水のしみ込み方
・水の自然蒸発と結露

コラム❺

第5章

本物にふれる機会を保障するアイデア

....

「本物にふれる」とは、
現存する事物に対する観察・実験をはじめ、
直接的な遊び体験や活用なども含む。
本章では、「本物にふれる」機会の充実を図るため、
地域の人材などを活用するアイデアを紹介する。

アイデア 58 ゲスト講師による特別講座

❶ 特徴

- 近隣の教員をはじめ、学生・理科補助員・保護者・卒業生・地域の方・ALTなどが、理科に関連する内容の特別講座を開く。
- 数時間シリーズで実施する。

❷ 工夫する点

- 導入や発展学習等で、既成の単元と関連させて行うことが望ましい。
- 教科横断的な学習の展開を工夫する。

❸ 効果

- 興味・関心を呼びおこすことができる。
- 学習していることの発展として、専門的知識を学ぶことができる。

❹ 活用場面例

◎3～6年「サイエンスショー」

ネイティブによる演示実験。

◎4～6年「星空観望会」

卒業生や高校生(天文部)による星空の講義と観察会。

◎3～6年「ミニラボ」

大学生(工学部)によるロボット講座やものづくり講座。

◎3年「豆を食べよう」

栄養教諭による食育講座。

外部人材の活用

アイデア 59 専門家による評価

❶ 特徴

・子どもの発表した内容やまとめた内容について、専門家からの評価を受ける。

❷ 工夫する点

・子どもの発表内容について、学校内の教職員を含め、専門的知識を有する方と事前に打ち合わせをする。
・学校教育支援事業を活用し、学習内容に対応した人材をリサーチする。

❸ 効果

・専門家に自分たちの学習を評価してもらうことで、子どもたちの自信と意欲が高まる。

❹ 活用場面例

◎6年「月と太陽」

調べ学習をしているとき、宇宙開発に関する専門家の方に、必要に応じてメールなどで質問する。最後に、プレゼンテーションを行い、専門家からコメントを受ける（学校教育支援事業を活用）。あわせて、現在の宇宙開発についての講演を聞く。

◎作品評価

学校の研究発表会の場や作品等審査会において、参観者に評価や感想を付箋紙に書いてもらう。

移住計画のプレゼン

発表会会場設営例

外部人材の活用

アイデア 60 学芸員との連携

❶ 特徴

・学芸員の専門的知識を取り入れたティーム・ティーチング形式の授業を行い、子どもたちの理解を深める。

❷ 工夫する点

・子どものニーズに応じて、学芸員の出番を考える。
・あらかじめ質問事項を整理して、学芸員の準備をサポートする。

❸ 効果

・学芸員の専門知識を生かした学習を行うことができる。

❹ 活用場面例

◎3年「身近な自然の観察」

　事前に、教師が学芸員から校内や地域の自然環境について教わる。教わったことをもとに、指導計画を立てる。また、学芸員に複数回来校してもらうことが可能な場合、事前に子どもの質問をまとめ、学芸員が答えやすいようにする。

学芸員による現場レクチャー

◎6年「大地のつくりと変化」

　学校や地域のボーリング試料を見せながら、学芸員と打ち合わせをする。「ここが海だったのはおよそ何年前だったと考えられるか」「この火山灰はいつどこから飛んできたものか」などの質問事項をあらかじめ整理しておき、打ち合わせに臨むようにする。学芸員の回答内容と共に、専門用語の使い方などについても学ぶ。

質問づくりのための下調べ

アイデア 61 施設や企業による出前授業

❶ 特徴

・近隣の公共施設や企業による出前授業を行う。

❷ 工夫する点

・焦点を絞った内容を扱うようにする。

❸ 効果

・専門家の説明によって、より理解を深める。

❹ 活用場面例

◎3年「昆虫の観察」

　大阪府営箕面公園昆虫館から講師を招き、「昆虫の翅はどうしてできたのか」や、昆虫の特徴や進化についての説明を聞く。よく見かける昆虫や珍しい昆虫を実際に見ながら、体のつくりなどの講義を受ける。

タブレット端末を利用した
ていねいな解説

◎6年「ものの燃え方」

　科学館から講師を招き、教科書に載っているものだけではなく、金属やガスなどのいろいろなものの燃え方について、実演を交えた講義を受ける。

◎6年「電気の利用」

　大手電機メーカーの講師を招き、身の回りにあるものを使って電気が発生する仕組みを学ぶ。その後、手づくり乾電池キットを使って、オリジナル乾電池の製作をする。電池の仕組みについて、体験を通して学ぶことができる。

アイデア 62 地域の知恵袋①〜米づくり〜

❶ 特徴

プランター植え

- 近隣の米農家や米屋などの協力を得て、土づくりから田植え・稲刈り・脱穀・精米まで、米づくりの指導を受ける。

❷ 工夫する点

- 5年での発芽・成長の学習内容や他教科の学習内容との関連性を考慮する。

❸ 効果

- 稲の発芽や成長の学習を日常生活と結び付けて考えることができる。

❹ 活用場面例

◎5年「植物の成長」

【発芽】種子の中の養分をもとにして発芽すること、また水、空気、温度が関係していることをとらえる。

【成長】日光や肥料などに関係することをとらえる。米の成長過程に応じた世話の仕方を学ぶ。田植え・病気に対する見分けと対策・水の量・刈り入れの仕方について、適確なアドバイスを受ける。

【開花】8月の終わり頃には、稲が穂を出し、花が咲くのを観察することができる。

【結実】もみ殻を除いて観察する。脱穀を手作業で行ったり、米屋さんの精米機で精米の様子を見たりすると、生活に密着した学習となる。

稲穂の観察

もみ殻チェック

アイデア 63 地域の知恵袋② ～伝統野菜づくり～

❶ 特徴

畑のための土づくり

・地域に伝わる伝統野菜の農家のサポートを受け、野菜を育てて収穫する。
・全学年や児童委員会活動で、年間計画を立てて実施する。

❷ 工夫する点

・なるべく多くの野菜を扱い、それぞれの栽培方法を聞き取り調査しておく。
・土づくりに関する専門家にも、指導・助言をもらうようにする。

❸ 効果

・様々な野菜の生育の特徴や結実の違いを知ることができる。
・他教科や総合的な学習の時間で扱う内容を効果的に学ぶことができる。

❹ 活用場面例

◎「なにわの伝統野菜を育てよう」

1・2年：毛馬きゅうり、天王寺かぶら	3年：田辺大根　　4年：鳥飼なす、大阪しろな
5年：勝間なんきん、うすいえんどう	6年：河内れんこん、吹田くわい、金時にんじん
特別支援：守口大根	

　生活科や理科の学習とリンクさせ、野菜づくりを通して植物の成長・変化についてとらえるようにする。

◎5・6年「伝統野菜を調理しよう」

伝統野菜を使った調理実習

　栄養教諭等と連携して、家庭科や総合的な学習の時間と関連させ、収穫した野菜を調理する。「毛馬きゅうり」を油で炒めたり、「田辺大根」を炒め物やみそ汁にしたりなど、その伝統野菜にあった調理方法を学ぶ。

外部人材の活用

アイデア 64 地域事業を取り入れて

❶ 特徴

・役所の方々の協力を得て、区・市・府県のシンボルである動植物の飼育・栽培や観察を行い、地域自慢のものへの理解を深める。

❷ 工夫する点

・一人一人が関わることができるように一人一鉢を担当したり、対象とするものに呼び名を付けて育てたりする。
・年間栽培計画は、学校レベル・学年レベルで用意し、協力体制も整える。

❸ 効果

・地域自慢の飼育・栽培や観察を通して、対象への関心と共に地域への愛着が生まれる。

❹ 活用場面例

◎「地域自慢を育てよう～区の花:ハナショウブ編」

株分けや肥料・水やりの量など、その時々の世話について、専門家や詳しい方の協力を得る。定期的に様子を見に来てもらったり、相談したりできるようにしておく。

育ち始めたハナショウブ

◎「地域自慢を調べよう」

・旭区の花:ハナショウブ
・大阪市の花:サクラ、パンジー
・大阪府の花:ウメ、サクラソウ ※この他に木や鳥などもある。

地域自慢になった理由、それにまつわる歴史や地域の生活などを知ることができる。

アドバイスを受けながらの作業

外部人材の活用

バナキュラーサイエンスの大切さ

①バナキュラーサイエンスとは

　バナキュラーサイエンスとは、その土地特有の風土や暮らしに根ざした科学のことである。外部人材を活用しながら、自分たちの住んでいる地域や生活に深く関連した理科学習を組み立てることによって、郷土の自然に対する理解を深め、それを尊重し、継承・発展させる態度を育成することができる。

②地域の方をゲストティーチャーとして招聘

　ゲストティーチャーによる講話や体験指導を通して、その土地の様子について興味・関心をもつようになる。その際、引き継ぎ簿（ゲストティーチャーのリストと指導内容）を作成するなど、指導内容との関連を考えるようにする。

③伝統野菜の教材化

　特別支援学級「野菜を育てよう」では、地域の方にアドバイスをもらいながら、伝統野菜を育てる。諸感覚（視覚・触覚・嗅覚など）を働かせることを大切にしたい。夏野菜と冬野菜を育てるという年間計画を立てることで、植物によって種まきや開花、収穫の時期が異なることに気付く。また、数種類の野菜を同時に栽培することで、葉や根の形や大きさを比較することができる。

地域の方のアドバイスを受けながら

④地域に伝わる天気や気候のことわざ

　5年「雲と天気の変化」では、「○○山の上に雲がかぶさると、雨になる」「大根の根が長い年は寒い」など、住んでいる地域の天気や気候についての言い伝えを書籍で調べたり、地域の方や山岳ガイドの方、漁師の方をゲストティーチャーとして招いて話を聞いたりする。そして、住んでいる地域の風土（固有の地形や海・山・土のバランスなど）をもとに、言い伝えの根拠を考えたり、自分たちで新しいことわざをつくったりする。

付録

理科室
経営マニュアル

付録

1 理科室のアイデア

1 理科室見取図

❶ 理科室に掲示

　理科室見取図を作成し、理科室に掲示する。鳥瞰図にすると、棚の上下に何があるかが明記しやすい。修正しやすいように、パソコンで作成する。品名に加えて数量を記載してもよいだろう。A、B、C…などと棚をナンバリングしておき、備品台帳と連動させておく。

❷ 授業づくりに活用

　指導案や子どものワークシートに添付すると、教師も子どもも活用することができる。実験器具名に色を付けたり、子どもの動線を矢印で表したりすると、子どもたちも理科室の使い方を理解しやすくなる。

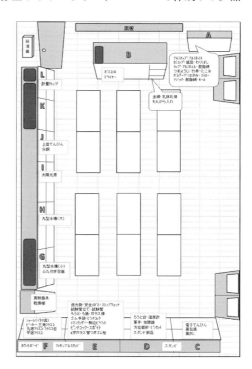

2 理科ハンドブックの作成

❶ 学校オリジナルの理科ハンドブック

　6年生による卒業制作として、学校オリジナルの理科ハンドブックを作成してみてはいかがだろうか。6年生は、自分たちが理科室で学習してきた経験を振り返り、下級生に伝えたいこと、気を付けてほしいことを書く。理科室で安全に、正しく実験をするための手助けとなったり、理科室に親しみがもてたりするようなハンドブックづくりをめざしたい。

❷ 理科ハンドブックの構成

　第1章「理科の学習を始めるにあたって」、第2章「理科室・理科準備室にある実験器具について」の2部構成が考えられる。

　第1章では、「理科室を使うにあたっての約束」「実験をするときのきまり」「後片付けの仕方」「服装について」など、図やイラスト付きで紹介する。みんなで内容を考えることで、基本的な利用ルールの共通理解を図れるだろう。「理科室・理科準備室のレイアウト」（棚番号入り）も載せるとよい。

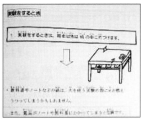

第1章 実験をするときのきまり

第2章 実験器具の名前

第2章では、実験器具を紹介する。名前、使い方、気を付けること、知ってほしいことなどを書く。理科室・理科準備室のどこにあるのかも書いておくとよい。

　実験器具を説明することは、6年生にとって学習の振り返りとなり、知識を定着させることにつながる。

　各章には余白のページをつくっておき、新たに記載したいことは、そのページを使うようにするとよい。

3 観察・実験の身だしなみ

❶ イラストを掲示

　観察・実験を行う際の子どもの身だしなみのイラストを理科室に掲示する。男女のイラストがあるとよい。

　注意事項として、
- ・髪をくくる
- ・安全眼鏡をかける
- ・白衣のボタンをとめる

などと、書き加えておくことがポイント。確認事項をチェックリストにして、注意を促すことも工夫の1つである。

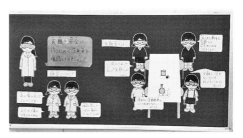

❷ 実験場面に応じた身だしなみ

　さらに、「水溶液の実験」バージョンや「ものの溶け方の実験」バージョンな

どというように、実験場面に応じた身だしなみを学ぶ機会をつくることも効果的である。その際には、実際の実験場面等を写真で示すとよい。

❸ 白衣を着る効果

白衣を着ると、子どもたちのモチベーションはぐっと上がる。科学者気分で実験に取り組む熱心な姿が見られるだろう。子ども用白衣も市販されているので、できれば一人一着用意したい。

収納のために、ハンガーラックがあると便利である。

なお、汚れたままの利用はNG。定期的に洗濯をすることが望ましい。

4 座席の配置

❶ 子どもの動線

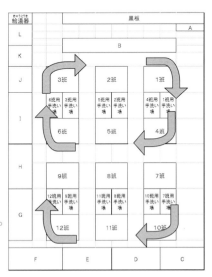

実験器具を準備したり、後片付けをしたりする際の接触事故を防ぐために、基本的な動線を決めておく。

例えば、右図のように時計回りで動くことを決めておくとよい。決

めた動きを定着させるために、何回か練習しておきたい。

❷ 座席・流し台のナンバリング

座席や流し台にナンバリングをしておくと、指示を出す際に便利である。教師と子どもとの間で共通理解を図っておきたい。

左下写真のように、グループ番号をマグネットにしておくと、活動内容によって新たなナンバリングが必要なときに便利である。

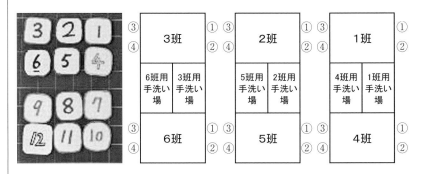

5 座席の周辺道具

❶ 流し台

蛇口にはホースを取り付ける。ホースは、水の飛散防止の他にも、薬剤が目に入ったり、火傷をしたりしたときに患部に向けて使用しやすいという利点がある。ホースは劣化が少なく、熱に強いシリコ

シリコン製、透明
長さ約35cm

ン製のものがよい。また、水が見えるように、透明なものがよい。ビーカーや試験管が洗いやすいように、長さを35cmと決めておくのも一案である。

スタイリッシュマット（アサヒペン）を切って作成

ガラス器具の破損防止のために、流し台にマットやすのこを敷くことをおすすめする。マットは接着するのではなく、取り外しできるようにしておくと、ゴミや細かいものが落ちたときにも掃除がしやすい。普段は外しておいて、洗い物のときに敷くようにするとよい。マットの色は、器具の汚れがわかりやすいようにするなら白、ガラス類を扱うなら見えやすい黒というように分けるのも名案である。

❷ 洗い物で使う道具類

スポンジ、洗剤、流し台に敷くマット、試験管ブラシなどをキャスター付きワゴンに収納しておく。使わないときは、準備室に置いておき、必要なときに理科室に運び出すようにすると、机上が整理される。各道具には、あらかじめグループ番号を付けておくとよい。

❸ ホワイトボード

様々な大きさのホワイトボードを用意しておく。吹き出しの形になったホワイトボードなどもあり、用途に応じて使い分けるとよい。

ホワイトボードの裏に磁石を貼ったり、ボード立てを用意したりすると便利である。ボード立ては、まな板立てでも代用できる。

ホワイトボードマーカーの色は、黒だけでなく赤、緑、青など数種類の色を用意しておくとよい。図のように、ペンとマーカー消しはホワイトボードとセットで管理しておく。

❹ コンセント

コンセントカバーを取り付けて、クリップや安全ピン等の誤挿入を防ぐ。カバーが装着されているかを常に確認するために、コンセントカバーの項目を安全点検表にも入れておく。

❺ 雑巾

雑巾を実験器具と同じように大切に扱いたい。決めた位置にまとめて置くようにすると、雑巾の汚れや枚数のチェック等の管理がしやすい。雑巾はよく使うものなので、置く場所を2か所にするとよい。雑巾を準備・片付けしやすいように、理科室の前後、対角に雑巾がけを置くのも一案である。

❻ 伝言板・伝言ノート

理科室内や理科室前の廊下に伝言板を設置すると便利である。器具の持ち出しについて伝言板に記入しておくと、情報共有ができて管理がしやすい。
先生同士の情報交換のために、伝言ノートをつくるのもよい。

6 棚の活用

❶ 小物類の整理

　自分たちで実験方法を考え、実験装置をつくる際には、様々な小物が必要である。ビニル袋、ビニルテープ、輪ゴム、ペン、紙コップ、プリンカップ等の小物類専用の棚を理科室に設置しておくと便利である。

大小2種類のケースがあると、収納しやすい。子どもたちが探しやすいように、左上から五十音順に並べておくとよい。

❷ 器具の整理

　大きさや種類ごとに分類し、プラスチックケース等に入れて保管する。ケースに入れておくと持ち運びも便利である。
　理科室に置いておく個数は必要最低限が望ましいので、基本的には班の数と同じにしておくとよい。通常、200mL以上のビーカーは班の数だけ、200mL以下のビーカーは班の数の2倍分を目安にするとよい。予備を理科準備室に保管しておき、いつでも補充できるようにする。
　温度計やストップウォッチなどは、ナンバリングをして管理する。

❸ 理科室に常置する実験器具

実験器具は、「使い方・頻度」「大きさ・重さ」「危険度」「価格」などで場所を分ける。
軍手、温度計、安全眼鏡、ストップウォッチはD、ビーカーなどのガラス器具はEとF、丸底水槽はGといった配置が考えられる（右図参照）。

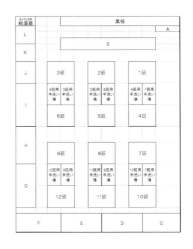

❹ 実験器具の収納場所の掲示

収納場所に器具名と写真を掲示する。器具名の札をクイズ形式にしておくと、名称の定着につなげることもできる。
器具使用の際の注意点を吹き出しに書き、作成した理科ハンドブックの該当ページを示しておくと、ハンドブックでさらに詳しく確認するよう促すこともできる。

7 救急箱の設置

　学習中に、けがが発生したとき、直ちに応急措置が行えるよう、理科室用の救急箱を設置する。また、理科準備室の冷蔵庫の冷凍室には、保冷剤を常備するとよい。やけどや打撲などに備える。

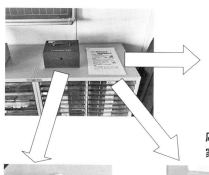

応急手当の説明は、図工室・家庭科室にも設置したい

少年写真新聞社
「小学保健ニュース」
から

救急箱を開けてみると…

冷却シート2
滅菌ガーゼ　大7　中2　小5
絆創膏　大5　中50
包帯　幅6.5cm1巻、　幅3.8cm2巻
消毒液　1
カット綿　15片　　鼻栓　20片
布ばんそうこう　1　　はさみ　1
ポケットティッシュ2　爪切り1

8 観察・実験中の災害への対応

❶ 発生時の基本的な対応

ア．初期対応（児童の安全確保、災害初期情報収集、安全確認、避難指示）
イ．避難（安全な避難、人員確認、携行物品）迅速かつ安全に避難させる。
ウ．応急手当（けがへの対応、心肺蘇生とAED、心理的なケア）
エ．二次対応（災害情報収集、二次避難、被災情報把握、管理下外の児童の安否確認）

❷ 理科室での対応

① 災害の種類に応じて、身を守るための適切な指示を行い、児童等の安全を確保する。教職員が児童等の状況や周囲の安全確認を行う。
② 火気使用中であれば消火の指示（火気の始末を徹底する）、実験中であれば危険回避を指示する。
③ 地震は突発的であるため、教職員は冷静さを失わず、的確に指示を与え、室外への飛び出しなど混乱状態を沈静化させる。
④ 地震では、一時避難（安全確保行動）…落下物、転倒物、ガラスの飛散等から身を守ることが大切である。「落ちてこない」「倒れてこない」「移動してこない」安全な場所にいち早く身を寄せ、頭部を保護する。
⑤ 災害の内容や規模、地域の被害状況等の情報収集をする。
⑥ 避難経路の安全確認を行い、避難が必要な場合は避難指示を出す。
火災のときは、場所や規模、風向きなども考慮して避難場所を決定する。

指示がなくても、以上のように身を守る行動ができるようにしておくことが大切である。

　転倒、移動のおそれのあるものを固定したり、風圧によるドアの開閉や窓ガラスの飛散を防いだりするなど、予想される被害に対して適切な処置を行っておく。

　「『生きる力』を育む防災教育の展開」（文部科学省、2013.3改訂）には、災害別（「火災」「地震・津波災害」「火山災害」「原子力災害」）に特徴的な対応が示されている。

付録

2 理科準備室のアイデア

1 理科準備室見取図

　理科室見取図と同様に、パソコンで鳥瞰図を作成し、教師用カードとして使用する。危険物等については色分けしておき、注意を促すようにする。

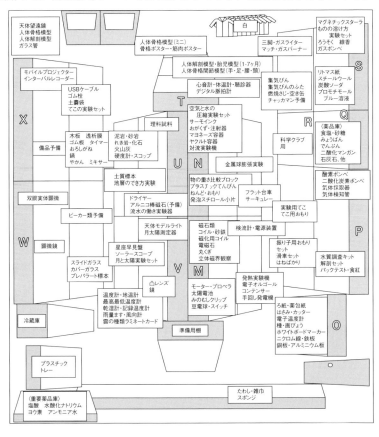

2 備品台帳

パソコンのトップ画面

```
○○小学校　備品探索システム

①　品名から探す
②　単元名から探す
③　棚番号から探す
```

❶ 探索システムの作成

アナログ版(冊子)とデジタル版(データ)を作成する。すべての備品名とその置き場所、主に使用する学年や単元名、使い方を記録する。

パソコンのトップ画面を右図のようにする。

❷「品名から探す」場合

「①品名から探す」をクリックすると、50音順に品名の一覧(右中図)が表示される。

その中から希望の品名(例えば、「電流計」)をクリックすると、下図のような画面が表示される。

品名一覧(50音順)

50音	品名
あ	空き缶
あ	空き瓶
あ	麻ひも
あ	油
あ	アルギン酸ナトリウム
あ	アルニコ磁石
あ	アルニコ磁石（予備）
あ	アルミカップ

置き場所や主に使用する学年、単元名、使い方、備品の写真が表示されたり、置き場所が見取図上で示されたりするようにする。作成した理科ハンドブックと関連させておくとよい。

電流計
・主に使用する学年と単元名
　5年「電磁石のはたらき」
　6年「発電と電気の利用」
・場所　　棚番号Dの下段（理科室）
・使い方　（理科ハンドブックP.83参照）

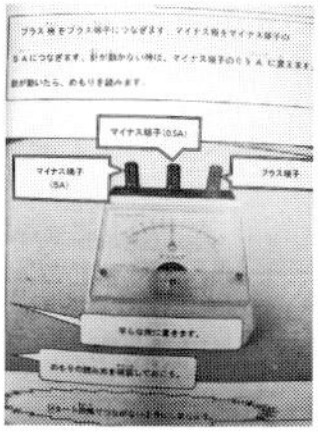

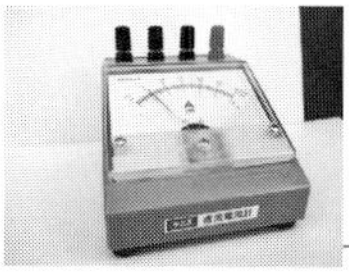

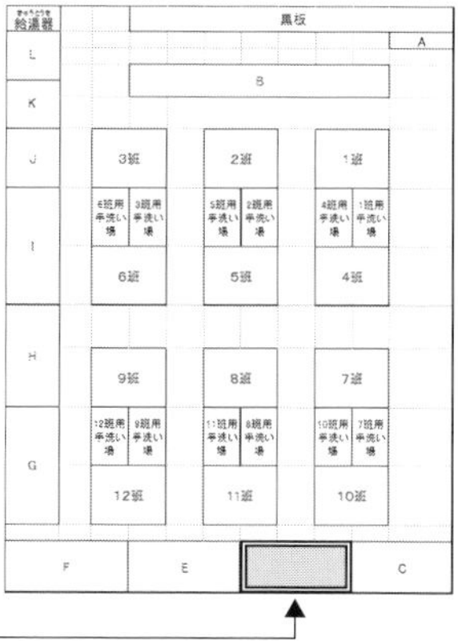

❸「単元名から探す」場合

「②単元名から探す」をクリックすると、単元名一覧(右上図)が表示される。

その中から単元名(例えば、「5年 電磁石の働き」)をクリックすると、「各単元で主に使用する備品一覧」(右中図)の画面が表示される。

その中から希望の品名（例えば、「電流計」）をクリックすると、前ページの下図のような画面が表示される。

「各単元で主に使用する備品一覧」の作成は、備品購入の計画にも役立つ。

❹「棚番号から探す」場合

「③棚番号から探す」をクリックすると、棚番号別一覧(右下図)が表示される。

その中から希望の品名（例えば、「電流計」）をクリックすると、前ページの下図のような画面が表示される。

単元名一覧（学年別）

学年	単元名
3	身近な自然の観察
3	種をまこう
3	チョウを育てよう

各単元で主に使用する備品一覧

単元名	品名
電磁石のはたらき	乾電池
	乾電池ホルダー
	スイッチ
	導線
	エナメル線
	ストロー
	鉄くぎ
	方位磁針
	棒磁石
	電流計
	電源装置

棚番号別一覧

棚番号	品名
A	アルミカップ
A	アルミホイル
A	紙コップ

3 備品購入

複数年計画で実験器具を揃えていく。そこで、以下のようなレベルA、B、Cを設定する。

> レベルA：理科教育振興法設備基準
> レベルB：教科書に載っている観察・実験はこれで安心！
> レベルC：観察・実験のさらなる充実を目指すぞ！

以下の表を参考にして、備品を購入する。

各単元で必要な器具・用具ならびに必要数（レベルB）

学年	単元	器具・用具	必要数
3年	1.物と重さ	天秤	3人に1個
		電子天秤	3人に1個
		ものの重さ比較ブロック	3人に1個
	2.風とゴムの力の働き	送風機	3人に1個
	3.光と音の性質	平面鏡	人数分
		温度計	人数分
		ストップウォッチ	3人に1個
		虫眼鏡	人数分
	4.磁石の性質	棒磁石	2人に1個
		U字磁石	2人に1個
		ドーナツ磁石	2人に1個
		方位磁針	人数分
	5.電気の通り道	豆電球	人数分
		ソケット	人数分
		乾電池	人数分
		乾電池ホルダー	人数分
	6.身の回りの生物	虫眼鏡	人数分
		虫捕り網	3人に1個
		デジタルカメラ	3人に1個
		虫眼鏡	人数分
		カップ	人数分
	7.太陽と地面の様子	遮光板	人数分
		方位磁針	人数分
		棒温度計	人数分
4年	1.空気と水の性質	注射器	2人に1個
		ゴム板	人数分
	2.金属、水、空気と温度	丸底フラスコ	3人に1個
		発泡ポリスチレンの箱	3人に1個
		ゴム手袋	人数分
		ガラス管付きゴム栓	3人に1個
		金属球熱膨張試験器	3人に1個
		ガスコンロ	3人に1個
		燃え柄入れ	3人に1個
		ガスコンロ	3人に1個
		スタンド	3人に1個
		金属棒	3人に1個
		金属板	3人に1個
		試験管	3人に1個
		フレキシブルスタンド	3人に1個
		ビーカー（300）	3人に1個
		金網	3人に1個
		電熱器	3人に1個
		温度計	3人に1個
		ガスライター	3人に1個
		燃え柄入れ	3人に1個
	3.電流の働き	乾電池	人数分
		乾電池ホルダー	人数分
		モーター	2人に1個
		プロペラ	2人に1個
		検流計	3人に1個
		クリップ付き導線	人数分×2
		並列用導線	人数分
		スイッチ	人数分
		光電池	人数分
	4.人の体のつくりと運動	骨格模型	3人に1個
		人体模型	3人に1個
	5.季節と生物	温度計	人数分
		虫眼鏡	人数分
	6.雨水の行方と地面の様子	デジタルカメラ	3人に1個
		ペットボトル（1.5L）	3人に1個
		丸型水槽	3人に1個
		移植ごて	3人に1個
		バケツ（大、小）	3人に1個
	7.天気の様子	温度計	人数分

学年	単元	器具・用具	必要数
5年	1. 物の溶け方	アクリルパイプ	3人に1個
		ゴム栓	3人に1個
		スタンド	3人に1個
		ビーカー(200)	2人に1個
		ガラス棒	2人に1個
		電子天秤	3人に1個
		蓋付き容器	3人に1個
		薬さじ	2人に1個
		メスシリンダー	3人に1個
		駒込ピペット	2人に1個
		ろうと	3人に1個
		ろうと台	3人に1個
		ガスコンロ	3人に1個
		金網	3人に1個
		蒸発皿	3人に1個
		安全眼鏡	人数分
	2. 振り子の運動	スタンド	3人に1個
		ストップウォッチ	3人に1個
		電卓	3人に1個
	3. 電流がつくる磁力	乾電池	人数分
		電源装置	3人に1個
	4. 植物の発芽、成長、結実	虫眼鏡	3人に1個
		ピンセット	3人に1個
		温度計	人数分
		シャーレ	3人に1個
		カッターナイフ	3人に1個
		虫眼鏡	3人に1個
		顕微鏡	人数分
		スライドガラス	人数分
	5. 動物の誕生	シャーレ	3人に1個
		解剖顕微鏡	3人に1個
		顕微鏡	3人に1個
		スライドガラス	3人に1個
		スポイト	3人に1個
		ピンセット	3人に1個
		ビーカー	3人に1個
	6. 流れる水の働きと土地の変化	移植ごて	3人に1個
		ビデオカメラ	3人に1個
	7. 天気の変化	方位磁針	人数分
		デジタルカメラ	3人に1個
6年	1. 燃焼の仕組み	ガスライター	3人に1個
		底無し集気瓶	3人に1個
		集気瓶	3人に1個
		集気瓶の蓋	3人に1個
		ろうそく立て	3人に1個
		燃え柄入れ	3人に1個
		気体検知管	3人に1個
		安全眼鏡	人数分
		丸型水槽	3人に1個
	2. 水溶液の性質	安全眼鏡	人数分
		ビーカー(50)	人数分×3
		試験管	人数分×3
		試験管立て	3人に1個
		駒込ピペット	3人に1個
		ピンセット	3人に1個
		ガラス棒	3人に1個
		丸型水槽	3人に1個
		ガラス曲管付きゴム栓	3人に1個
		ゴム栓	2人に1個
		ゴム管	3人に1個
		ガスコンロ	3人に1個
		蒸発皿	3人に1個
		金網	3人に1個
		棒磁石	3人に1個
	3. てこの規則性	洗濯竿	3人に1個
		土嚢	3人に1個
		実験用てこ	3人に1個
	4. 電気の利用	モーター	人数分
		手回し発電機	人数分
		豆電球	人数分
		ソケット	人数分
		発光ダイオード	人数分
		コンデンサー	3人に1個
		電熱線	3人に1個
		電源装置	3人に1個
		クリップ付き導線	人数分×4
	5. 人の体のつくりと働き	ガラス棒	3人に1個
		薬さじ	3人に1個
		安全眼鏡	人数分
		ビーカー(200)	3人に1個
		ビーカー(50)	3人に1個
		ろうと	3人に1個
		気体検知管	3人に1個
		聴診器	2人に1個
	6. 植物の養分と水の通り道	三角フラスコ	3人に1個
		カッターナイフ	3人に1個
		虫眼鏡	人数分
		気体検知管	3人に1個
		ビーカー(500)	3人に1個
		ガスコンロ	3人に1個
		金網	3人に1個
		ゴム板	3人に1個
		木槌	3人に1個
		ピンセット	3人に1個
		シャーレ	3人に1個
		丸型水槽	3人に1個
	7. 生物と環境	目の細かい網	3人に1個
		ビーカー(100mL)	人数分
		スポイト	人数分
		スライドガラス	人数分
		カバーガラス	人数分
		ピンセット	人数分
		顕微鏡	3人に1個
		ろ紙	3人に1個
	8. 土地のつくりと変化	堆積実験装置	3人に1個
		蒸発皿(丸)	3人に1個
		双眼実体顕微鏡	3人に1個
	9. 月と太陽	方位磁針	3人に1個
		ボール	3人に1個
		電灯	3人に1個
		遮光板	人数分

必要な器具・用具と主な使用学年（レベルB）

	3年	4年	5年	6年
虫眼鏡	○	○	○	○
携帯型双眼実体顕微鏡	○	○	○	○
捕虫網	○			
プラスチックケース（虫かご）	○			
デジタルカメラ	○	○	○	○
植物（野草）の図鑑	○	○		
移植ごて	○	○	○	
ビニルポット	○	○		
ネームプレート	○	○		
じょうろ	○	○	○	
園芸用の土	○	○	○	
肥料	○	○	○	
アブラナ		○		
キャベツ（苗）	○			
プラスチックカップ（ふた付き）	○		○	○
ピンセット	○			
生き物図鑑	○	○		
昆虫の図鑑	○			
送風機	○			
プラスチック段ボール	○			
車軸	○			
ストロー	○		○	
タイヤ	○			
輪ゴム	○	○	○	
巻き尺	○			
紙コップ	○			
食品トレー	○			
竹ひご	○		○	
ペットボトル	○	○	○	○
ダブルクリップ	○			
プロペラ	○	○		○
遮光板	○			
方位磁針	○	○	○	○
棒温度計	○	○	○	○
牛乳パック	○			
鏡	○			
段ボール紙	○			
黒い画用紙	○			
細長い箱	○			
厚紙	○			
カッターナイフ			○	
豆電球		○		○
導線付きソケット		○		○
ビニル導線		○		○
乾電池（単1形）		○	○	
乾電池（単4形）		○		
乾電池ホルダー		○		○
ビニルテープ		○	○	○
セロハンテープ		○	○	○
空き缶（鉄）		○		
空き缶（アルミ）		○		
紙やすり		○		
棒磁石		○		
U字磁石		○		
ゼムクリップ		○		○
ポリエチレン袋		○	○	
くぎ		○		
砂鉄		○		
金属板			○	
ろうそく（ろう）			○	○
示温テープ			○	

	3年	4年	5年	6年
丸形水槽		○	○	○
丸形フェライト磁石		○		○
穴あきフェライト磁石		○		
ゴム磁石		○		
実習用上皿てんびん		○	○	
台はかり		○	○	○
電子てんびん		○	○	○
粘土		○		
薬包紙		○	○	
アルミニウムはく		○	○	
物の重さ比較素材セット		○		
ヒョウタンなど（種子・苗）			○	
支柱			○	
モーター			○	
両面テープ		○	○	○
モーターの軸止め			○	
簡易検流計			○	
導線（みの虫クリップ付き）			○	○
光電池			○	
電子オルゴール			○	
百葉箱			○	
乾湿計			○	
最高最低温度計			○	
記録温度計			○	
星座早見			○	
ポリエチレン袋（大）			○	
空気鉄砲			○	
空気鉄砲の玉			○	
ゴムの板			○	
注射器			○	
骨格模型			○	
人体模型			○	○
発泡ポリスチレンの箱			○	
丸底フラスコ			○	
発泡ポリスチレンの栓			○	
マヨネーズなどの容器			○	
ゴム手袋			○	
保冷剤			○	
風船			○	
ガラス管付きゴム栓			○	
ゼリー			○	
金属球膨張試験器			○	
燃えがら入れ			○	○
実験用ガスコンロ			○	○
ガスボンベ			○	○
アルコールランプ			○	○
エタノール			○	
ガスバーナー			○	○
ガスライター			○	○
マッチ			○	○
スポンジ			○	○
試験管ブラシ			○	○
スタンド			○	
支持環			○	
支持棒			○	
自在ばさみ			○	
クランプ			○	
金属棒			○	
ストップウォッチ			○	○
割りばし	○	○	○	○
缶切り				○

付録 2 理科準備室のアイデア

	3年	4年	5年	6年
フレキシブルスタンド			○	○
試験管		○	○	○
試験管立て			○	○
沸騰石			○	
線香			○	○
加熱用金網			○	○
電熱器			○	○
ろうと			○	○
ビーカー			○	○
ペトリ皿（シャーレ）			○	
ガラス棒			○	○
食塩			○	
製氷皿			○	
ヤクルトの容器			○	
ラップシート			○	
プラスチックカップ	○	○	○	○
オモチャカボチャ（種・苗）			○	
インゲンマメ（種）			○	
バーミキュライト			○	
脱脂綿			○	○
ヨウ素液			○	○
試薬ビン			○	
液体肥料			○	
メダカ			○	
水槽			○	
メダカのえさ			○	
水草			○	
水槽用エアポンプ			○	
水温計			○	
解剖顕微鏡			○	○
チャック付きポリエチレン袋			○	○
双眼実体顕微鏡			○	○
スライドガラス			○	○
カバーガラス			○	○
駒込ピペット（スポイト）			○	○
ろ紙			○	○
プランクトンネット			○	
モール			○	
土の山			○	
水道とホース			○	
ミョウバン			○	
ティーバッグ			○	
コーヒーシュガー			○	
メスシリンダー			○	○
棒ピン			○	
ろうと台			○	○
蒸発皿			○	○
糸	○	○	○	
強力電磁石			○	
エナメル線（太さが異なるもの）			○	
カップ麺の容器	○	○	○	
電流計			○	○
電源装置			○	○
目玉クリップ	○	○	○	○
おもり			○	○
電卓			○	○
電熱線（太さが異なるもの）			○	

	3年	4年	5年	6年
千枚通し				○
軍手	○	○		○
底を切った集気瓶				○
集気瓶				○
集気瓶のふた				○
木の板				○
ろうそく立て				○
気体検知管（二酸化炭素用2種類）				○
気体検知管（酸素用）				○
気体採取器				○
酸素ボンベ				○
二酸化炭素ボンベ				○
窒素ボンベ				○
三角フラスコ				○
ピンチコック				○
過酸化水素水				○
二酸化マンガン				○
ジャガイモ（種芋）				○
木づち				○
植物染色液				○
でんぷん				○
石灰水				○
アルミカップ	○	○	○	
薬さじ			○	○
聴診器				○
塩酸				○
水酸化ナトリウム				○
炭酸水				○
スチールウール				○
安全めがね				○
リトマス紙				○
試験管ばさみ				○
るつぼばさみ			○	○
ドライヤー		○	○	
BTB溶液				○
ガラス曲管付きゴム栓				○
ゴム管				○
スタンドライト				○
双眼鏡もしくは望遠鏡				○
堆積実験装置				○
化石資料				○
堆積岩（礫岩、砂岩、泥岩）				○
ボーリング試料				○
火山灰				○
棒（てこ用）				○
台（てこ用）				○
砂袋				○
バール				○
せんぬき				○
はさみ	○	○	○	○
実験用てこ				○
ペンチ				○
手回し発電ラジオなどの道具				○
手回し発電機				○
発光ダイオード				○
コンデンサー				○

4 教材開発

　子どもの考えをもとに、教師が教材開発を行う。「実験結果がわかりやすい」「子どもが作業しやすい」ことを念頭に、教材を開発する。

❶ 子どもの発案をもとにした事例：3年「身の回りのものの重さ調べ」

子どもの発案：液体や粉でも、同じ体積で重さの違いがあるのか調べたい。

教師による教材開発のポイント：
同じ体積で重さの違いがわかりやすい液体や粉はどのようなものがあるか。
そろえる体積はどれくらいがよいか。
子どもが作業しやすい容器としてどの形がよいか。

同じ体積で重さの違いがわかりやすい教材

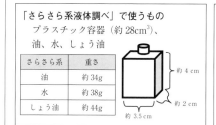

「さらさら系液体調べ」で使うもの
　プラスチック容器（約 28cm³）、
　油、水、しょう油

さらさら系	重さ
油	約 34g
水	約 38g
しょう油	約 44g

「どろどろ系液体調べ」で使うもの
　プラスチック容器（約 24cm³）、
　マヨネーズ、ケチャップ

どろどろ系	重さ
マヨネーズ	約 22g
ケチャップ	約 26g

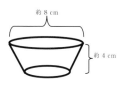

「粉調べ」で使うもの
　プラスチック容器（約 192cm³）、小麦粉、砂糖、食塩

粉	重さ
小麦粉	約 36g
砂糖	約 41g

5 薬品管理

❶ 薬品台帳

薬品台帳を2種類(下の表)用意する。薬品の点検は月1回定期的に行う。

【 薬 品 名 】　　　　　　毒・劇・一般　　　　　　　　　○○小学校

年月日	購入量	使用者	使用量	使用目的	現有量	容器の処理	
						本数	処理者名
・・							
・・							
・・							
・・							
・・							

薬品の管理・点検票

年度　　　　　　　　　　　　　　　　　　　　　　　　　　○○小学校

区分	薬品名	保有数量（本、量）											
		4	5	6	7	8	9	10	11	12	1	2	3
薬品庫棚													
薬品庫													
点 検 月 日													
点 検 者 印													
学 校 長 印													

❷ 薬品の保管

写真のように、薬品整理箱に仕切りを入れることで、転倒防止になる。底に滑り止めシートを敷くとよい。

万が一、落下した場合の被害を少なくするため、劇物・危険物などは棚の下のほうに保管する。

写真のように、薬品の特性や注意事項を書いたタグを付けると、わかりやすい。

❸ 薬品庫の施錠

薬品庫は必ず施錠する。鍵の保管場所にも留意し、誰でも持ち出せるような環境に置かない。
数字を合わせるタイプのダイヤル錠は、解錠しているときに子どもが番号を覚えてしまう可能性があるので、なるべく使用を避ける。

❹ 鍵の管理

薬品庫に限らず、棚は必ず施錠する。理科準備室には棚が多いので、棚専用の鍵束を作り、職員室で管理する。

スペアの鍵も作っておき、貸し出し用と教師用に分けておくと便利である。棚と鍵を番号でナンバリングし、色分けすると、よりわかりやすい。

6 準備・後片付け

❶ 授業準備コーナー

授業前に、一時的な実験器具等の保管場所があると便利である。写真のように各学年・科学クラブ用のマグネットシートを貼り、器具等を置く際に、どの学年が保管しているのかがわかるようにする。

❷ 授業後の不要物回収袋の設置

燃える物、燃えない物、ビン・缶、ガラス等に袋を分けておく。不要物の分別に対する意識を高める。

❸ 廃材の収集と利用

学期ごと、全学年に必要な廃材のアンケートを配る。回収したアンケートをもとに、計画的に廃材の収集を行う。

右の写真のように、学年・期限・廃材名・個数を示した「持ってきてねコーナー」を設置し、必要な数だけ集まれば、コーナーを片付ける。

廃材が余れば、廃品回収に出して、教材費として活用する。

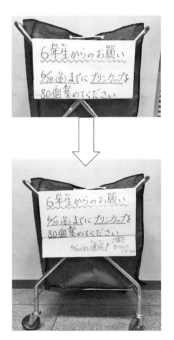

付録3 校内環境のアイデア

1 学習園の掲示物

❶ 成長記録の掲示

　各学年の学習園には、栽培している植物の成長記録を掲示する。時期（月と週）だけを示した表に、子どもたちの観察記録を書き加えていくようにする。記録写真を貼っていくのもよい。ビニールでカバーをしておくなど、雨に濡れないように注意する。

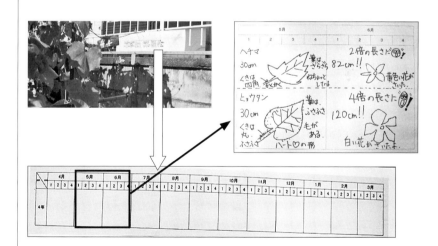

❷ 年間計画の掲示

　全学年の年間計画がわかるように掲示してもよい。注意事項の欄には、サツマイモのつる返しを行うことや、種をまく際の種同士の間隔や深さなどを記入する。

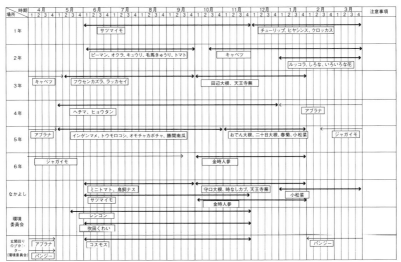

※玄関回りのプランター、緑の小道、一番奥の学習園は、環境委員会が担当する。
※各学年の学習園の場所は、そのまま持ち上がる。(現6年の場所は、新1年の場所とする。)
※個人持ちの鉢は、1年生から3年生まで使用する。

2 校庭改造計画

❶ 池づくり

　バケツ・洗面器・たらい・なべ・パン箱などに土や水を入れて、観察用の

池をつくる。

観察の対象例:
　カブトエビ、スジエビ、アメンボ、ヤゴ、オタマジャクシ、ミジンコ、水草

学習内容例:
・四季の生き物
・水温の変化
・水の三態変化

❷ 田んぼづくり

　枠づくりから土入れまで、排水の方法など、地域の建設屋さんや農家の方の協力を得て、田んぼづくりに挑戦する。行政・企業などのサポートを利用する。

❸ 山づくり

　違う種類の土で2つの山をつくり、比較実験に利用する。防災教育の観点も取り入れたい。使わないときはブルーシートで覆っておき、雑草が生えないようにしておく。

学習内容例:
　・流れる水の働きと土地の変化
　・雨水の行方と地面の様子

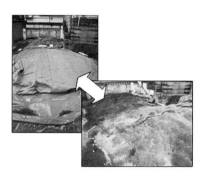

- トンネルづくり
- 土だんごづくり

❹ 昆虫のすみかづくり

わずかな空間を利用して、昆虫エリアを作る。

石積み

石積み…石と石の間に適度な空間をつくりながら、石を積む。
木積み…樹木の剪定後の空間を再利用する。
野草園…昆虫が住みやすい野草を集める。

野草園

木積み

❺ 使わなくなった鳥小屋の再利用

カブトムシハウス
　小屋のネットの部分に細かいネットを張り、その中でカブトムシを育てる。

バタフライガーデン
　小屋のネットの部分に、より細かいネットやビニルシートを張り、その中でチョウを育てる。

3 ICT設備

❶ 定点カメラ

　定点カメラを使って、オリジナル動画(スライドショー)教材を作成する。1時間に1〜5枚など、対象物によって撮影間隔を変える。セット次第で下校後(夜間)も撮影することができる。屋外での撮影が可能で、フラッシュ機能が付いているものがおすすめである。

　子どもたちが飼育している植物や昆虫、親しみのある環境などで撮影すると、実感を伴った理解につながりやすい。

活用場面例
1年「アサガオを育てよう」
　　「チューリップを育てよう」
3年「昆虫を育てよう」
　　「かげのでき方と太陽の光」
5年「植物の発芽と成長」
　　「雲と天気の変化」

❷ タブレット端末

　子どものタブレット端末の画面を電子黒板に映して、考えやデータを共有する。必要に応じて、全員の画面を一斉に映し

出したり、比較したい画面を並べて映したりすることもできる。
　また、友達のタブレット端末にアクセスし、知りたい情報を手に入れたり、友達の考えにコメントを書き加えたりする。その際、以下のような基本的なルールを決めておくとよい。
・誰が書いたかを明確にする。
・友達のデータを勝手に消さない。
・コメントを書くときは、同じ考え、違う考えを文字の色や吹き出しの形で分ける。
・友達の考えに賛成したり、共感したりしたときは、下線を引いたり、「いいね」スタンプを貼り付けたりする。

　以下のような授業で活用できるアプリケーションも用意しておきたい。
・授業中に簡単な質問を出して、リアルタイムに集計結果を共有できるアプリ
・自信度や自己評価、他者評価を数値で可視化して、共有できるアプリ
・授業中に疑問に思ったことなどを子ども同士でやりとりができるアプリ
・付箋に記した内容を一気にデジタル化して整理できるアプリ

❸ ○○○＋タブレット端末

　タブレット端末による撮影だけではわかりにくい場合、この方法がおすすめである。タブレット端末の画面が大きいことをうまく利用して、顕微鏡や天体望遠鏡などの接眼部分に接写する。子どもたちでも容易に撮影できる。

活用場面例
＜顕微鏡＋タブレット端末＞
5年「メダカの誕生」　受精卵の観察
　　「花から実へ」　花粉の観察

6年「植物の養分と水の通り道」
　　気孔や道管の観察
＜天体望遠鏡＋タブレット端末＞
4年「月と星」　星空の観察
6年「月と太陽」　月や太陽の観察

❹ 多機能プリンター

　理科室に常置する。印刷物を板書に活用したり、子どものノートに貼ったり、ファイリングしたりできる。Wi-Fiにして無線でつなげると便利である。印刷だけでなく、コピー、スキャン機能がある方がよい。A3サイズまで対応できるものがおすすめである。理科室にいくつか分散して置き、いつでも印刷できる状態をつくるとよい。

活用場面例
3年「昆虫の観察」
5年「流れる水の働きと土地の変化」
　　堆積実験

4 ちょっとサイエンスコーナー

　ふしぎだな、おもしろいな、見に行ってみよう、と思わせるコーナーを設置する。理科室前・図書室前・校長室前・玄関・オープンスペース・天井・床・階段など、少しのスペースがあれば、コーナーをつくることができる。

❶「ふしぎだなぁ」コーナー

・ベンケイソウの葉を茎から切り離しておくと、葉のふちのくぼみの部分から芽が出てくる。
・根から吸い上げた色水で花びらの色が変わる。

❷「なるほど」コーナー

白い花が緑・黄・赤に変わったよ

・太陽を直径25cmと考えたときの地球の大きさと距離を表す。掲示物から25m先の廊下に6mmの地球を表示する。

地球はまだまだ見つかりません

25m先

地球がどこにあるか探してね

地球はここです

・水分を含んで鱗片が閉じた松ぼっくりをペットボトルに入れる。そのまま乾燥させて、鱗片が開いた状態になったら展示する。

❸ クイズコーナー

・季節を代表する草花・実を展示し、その名前や様子を漢字で答えるクイズを出す。
・写真を掲示し、その場所を答えるクイズを出す。
・観天望気の意味をクイズにする。

5 委員会活動

❶ 環境委員会「樹木クイズ」

「花に関するもの」「葉に関するもの」「実に関するもの」「幹や枝に関するもの」の4種類のクイズをつくり、校庭の樹木に取り付ける。

写真のように表面にクイズ、裏面に答えを書く。常緑樹は緑色、落葉樹は黄色の色画用紙で作って取り付け、春夏と秋冬とで付け替える。

例

Q（表面）5月に花が咲きます。この植物の名前は？
A（裏面） 　この植物の名前は「ツツジ」ですが、5月に花が咲き、5月のことを皐月と呼んでいたことから「サツキツツジ」と名前が付きました。サツキツツジ（ツツジ科）

Q（表面）実ができます。どんな実？
A（裏面） 　夏に楕円形の実がなり、形が楽器の琵琶に似ていることから「ビワ」と名付けられました。　ビワ（バラ科）

❷ 環境委員会「木の命名コンテスト」

「学校にある木に自分だけの名前を考えよう」と全校生徒に呼びかける。葉や花、枝の形、大きさ、手触り、色、においなどの特徴をとらえるよう、よく観察することを促したい。

ポストに投函された名前を、全学年の子どもたちが見える場所に掲示する。理由とともに掲

示するとよい。コンテストを行ったり、全校朝会や朝の放送などで発表・表彰したりする活動も考えられる。

❸ 環境委員会「○○小学校ウォークラリー」

校庭に設置した看板（数か所）に、校庭の自然に関するクイズを掲示する。「出発点及びルート指定型解答方式」や「アットランダム解答方式」等が考えられる。

ウォークラリーの参加賞として、委員会の子どもたちが作ったドングリのキーホルダーや校庭の葉や花びらをラミネートしたしおりをプレゼントするのもよい。全問正解した子どもに賞状を用意したり、「第○回校内ネイチャーマスターズ」と称して学校新聞に掲載したりする。

❹ 環境委員会「見どころニュース！」

子どもたちがよく目にするところに、動植物（季節ごと）紹介コーナーを設ける。展示は、実物のほかに写真、スライドショー、さらに動画をモニターで映すことも考えられる。

セミの幼虫が土から出てきた後の穴の写真やトンボが尾を水につけている動画など、何だろう、ふしぎだな、見に行ってみようと思わせる事物・現象が望ましい。

❺ 環境委員会「手洗い場の草花コーナー」

四季折々の校庭の植物を定期的にトイレの手洗い場に飾る。その際、花の生け方を工夫したり、オリジナルの花瓶をつくったりするなど、手洗い場をどう飾り付けるか考えさせたい。

洗面所や花瓶に担当者の名前を記入したり、草花に関するミニ知識を書いたメモを添えたりすると、トイレを使用する教職員や子どもたちに向けて、草花の知識とともに、心づかいも届けることができる。

❻ 給食委員会「特産物クイズ」

給食で提供されたり、学校で栽培したりしている地域の伝統野菜について、クイズを作成して、廊下などに掲示する。特産物としての鳥・牛・豚・魚類の特徴や体のつくりを扱ったクイズ、食育と関連付けたクイズなどもよい。

また、クイズの提示の仕方を工夫するとよい。①文章だけで説明するクイズ、②穴埋めクイズ、③魚の尾や頭など一部を拡大した写真を示すクイズ、④漢字クイズなども考えられる。⑤紙をめくると答えがわかるようにするという工夫も一案である。

校庭に自生していたイヌタデ
自作の花瓶（ペットボトル）

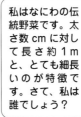
私はなにわの伝統野菜です。太さ数cmに対して長さ約1mと、とても細長いのが特徴です。さて、私は誰でしょう？
①文章タイプ

②穴埋めタイプ

倍率 1／4

③一部拡大タイプ

④漢字タイプ

⑤めくり解答タイプ

付録

4 校内研究のアイデア

1 研究の進め方

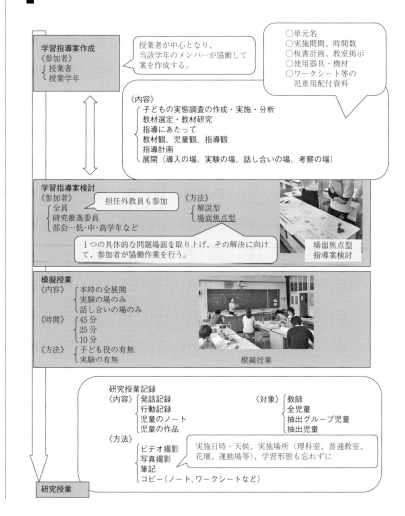

2 学習指導案のビジュアル化

❶ 学習指導案

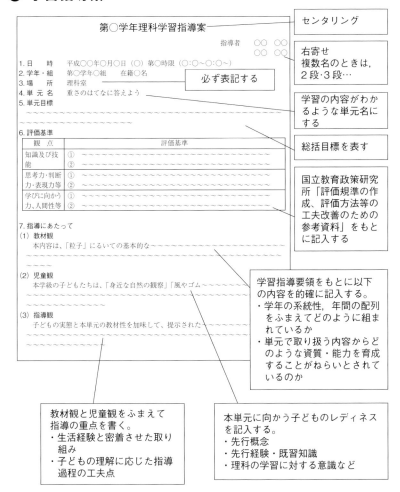

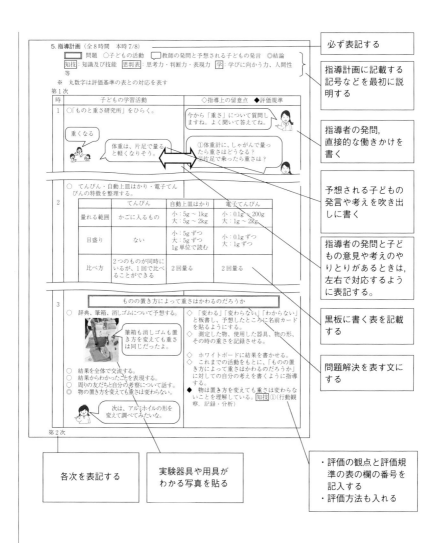

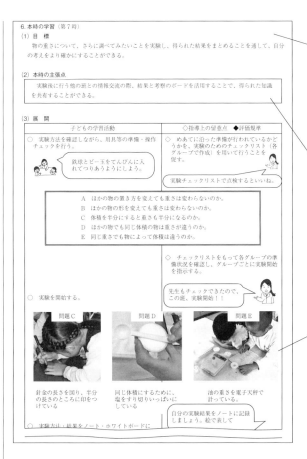

* 子どもが活動する様子がわかりやすいように，イラストなどを活用する。オリジナルのイラストを使うのが望ましい。

❷ 板書計画

実際に板書したものを撮影して掲載する。

あるいは、黒板の写真に、掲示物や発表ボードをデータ上で貼り付けてもよい。

また、板書内容が変わるときは、前半と後半などパターンが2つ以上になってもよい。

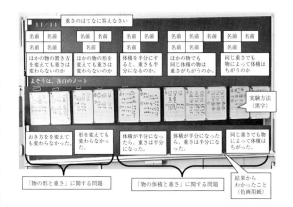

❸ 学習環境案

授業場所のレイアウトを表し、以下の項目を記載する。

- 学習する教室内の机や椅子の配置
- ICT機器等、教室内の準備物
- 机上の準備物や配付物
- 背面・壁面掲示物

また、学習環境が変わるときは、前半と後半などパターンが2つ以上になってもよい。

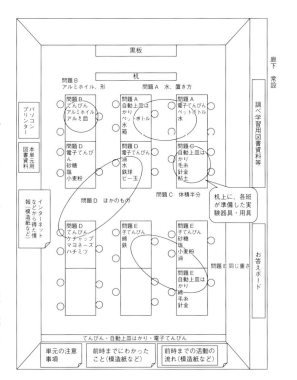

3 事後検討会の流れ

付録 4 校内研究のアイデア

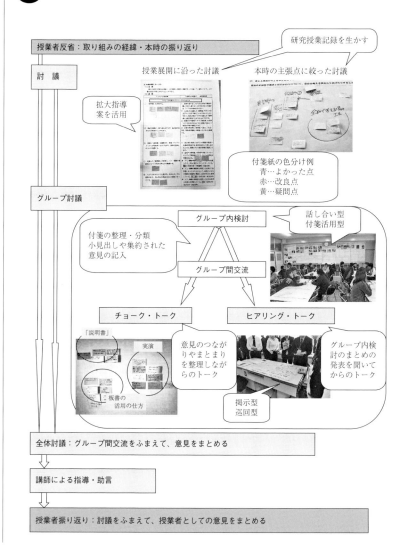

付録 4　校内研究のアイデア

4 研究のまとめ

❶ 研究授業だより

以下の内容についてまとめ、当該学年が発行する。

《内容》
・事後検討会の論点
・討議会で出された意見…
　「よかった点」「改善点」
　を項目ごとにまとめる
　(同意見を合計数で表記
　するのも一案)。
・指導講評の要約…
　指導助言者の講評があ
　れば適宜載せる。
・授業者の振り返り…
　必ず載せる。
・参観者の振り返り…
　当該学年以外の参観者のコメントを載せる。

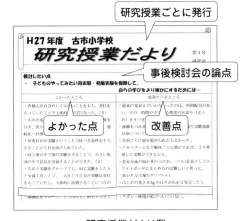

研究授業だより例

❷ 研究紀要

以下の内容についてまとめ、紀要として発行する。学習指導案で表現した指導観を実践した結果、どのような成果が得られたのかを具体的に書くよう

にする。

《内容》

・研究の視点に対応した成果物…

　　学習活動の写真、子どものノート、マップ、○○ブックなど

　　学習中の発言・つぶやきの記録

・「興味をもったこと」や「もっとしてみたいこと」の整理

・データ分析による子どもの変化…

　　情意面でのアンケート調査の事前と事後のデータを比較

・学習指導案に表現した指導観を実践した結果、得られた成果

研究成果
- 授業分析
- 児童に対する評価
- 児童理解の深化
- 客観的なデータからの授業振り返り
- 今後の展開や次回の指導計画に活用

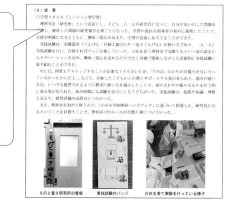

研究紀要例（部分）

❸ 今後の課題

　以下の内容について、箇条書きで簡潔にまとめ、次の研究に向けた仮説設定や授業準備とする。

《内容》

　改善点　教材研究・分析
　　　　　発問・板書
　　　　　学習環境

付録

5 校内研修のアイデア

1 理科室ルールづくり

全学年で系統的に指導するために，ルールづくりをする。
以下の点をねらいとする。
・理科備品や用具について知ることができる。
・理科室、理科準備室の整備ができる。
確認事項と話し合い事項に分けてまとめるとよい。

理科室ルール

〇年〇月

安全に配慮した観察・実験を子どもが主体的に行えるように、全学年で系統的に指導する。

I．確認したこと
 (1) 実験・観察をするとき
  ・立って実験するときは、椅子は机の下に入れる。
  ・服の袖や紐などが器具にかからないように気をつける。
  ・役割分担（あらかじめ、番号を決めさせておく）
  ・器具を取りに来るとき、片付けは同じ児童がする。
  ★火を使う実験
  ・長い髪の毛は結んでおく。
  ・加熱器具は、机の端に置かない。
  ・加熱器具の近くに、ぬれ雑巾を置く。
  ・線香やマッチの燃え殻入れを用意する。
 (2) その他
  ・準備室には、子どもだけでは入らない。
  ・消火器は理科室の前に常設しておく。
  ・理科室・準備室から持ち出す場合は、持ち出し簿に必ず書き、所在がわかるようにする。
  ・薬品簿を使って、薬品を管理する。
    ※薬品簿のサンプル
  ・理科室・準備室から持ち出す場合は、持ち出し簿に必ず書き、所在がわかるようにする。
  ・百葉箱は、一年に一度ペンキを塗る。

Ⅱ. 話し合って決めたこと～「使いやすい理科室」のために～
(1) 椅子
・理科室に置く椅子の数を〇脚にする。
・授業が終われば、机の下に椅子を入れる。
(2) テーブル番号と洗い場の使用番号
・基本的にテーブル横の洗い場を使用する。
・子どもが番号を把握しやすいように、テーブルと手洗い場に番号（1～12）を書いたカードを貼っておく。
(3) 子どもの動線
・自分の位置から時計回りで移動する。
(4) 器具
・器具には各テーブル番号の番号（1～12）を記しておく。トレイも同様。
・故障・破損した場合、すぐに先生に伝えることを約束する。補充する際は、故障・破損した番号と同じ番号を記す。
・故障した器具は、準備室のどこに置くか決めておく。
・ガラス器具については、加熱する場合があるので番号は書かない。
・スタンドを片付けるときは、支持棒、自在バサミは一番下に下げて付けたままにしておく。
(5) 雑巾、ブラシ、スポンジ、洗剤の管理
・各テーブル番号（1～12）を記しておく。
・雑巾は雑巾掛けにかけておく。雑巾掛けは前後2箇所（前は1～6、後ろは7～12）に設置する。
・汚れが目立つ雑巾は、すぐに交換する。
・ブラシ、スポンジ、洗剤はかごにまとめておく。

(6) 手洗い場
・ガラス器具の破損を防ぐために、マットを必要な時だけ敷く。
(7) ゴミ処理
・普通ゴミ（本校の場合はプラゴミも含む）用バケツは理科室に置いておく。

2 教材研究としての地域探検

①校区内や近隣地域の動植物・地質鉱物・地形などの探検に出かける。
②歴史的遺産から科学的な教材を探す。

③科学技術の仕事に携わる方の話を聞く。
④ホームセンターや商店街で、教材・教具を探す。

3 TPOに応じた講師の起用

①学校外研修で学んできた教師が講師となって伝達研修会を行う。
②校内で「講師輪番制」を採用し、日常の授業場面を題材にして、児童の表現したことやつぶやきを紹介し、児童理解の研修を行う。
③地域の方を講師として招き、地域の特長をとらえた教材を開発する。

編著者

溝邊 和成 (みぞべ かずしげ)
兵庫教育大学　教授
大学院連合学校教育研究科(博士課程)
大学院学校教育研究科(専門職学位課程)／学校教育学部

神戸大学大学院総合人間科学研究科博士後期課程修了、博士(学術)。兵庫県内公立小学校・附属小学校教諭、広島大学大学院学校教育研究科講師、甲南女子大学人間科学部教授を経て、現職。専門は、小学校理科・生活科・総合学習の実践論・カリキュラム論。最近では、幼児の科学教育、世代間交流や異年齢集団教育、教師教育にも関心をもち、研究に取り組んでいる。

[主な著書]
『5分でできるE（エネルギー）授業−読むだけでひらめく書き込み式マイプラン』（共著、明治図書、2007）『最新!教育実習「実践」マニュアル−目からウロコの10か条−』（共著、明治図書、2007）『授業力アップ!理科室活用ジュツ54』（編著、明治図書、2008）、『これは使える!理科面白話セレクト45 −「語り・お話」で理科好きの子どもを育てる−』（編著、明治図書、2008）、『多様化社会をつむぐ世代間交流−次世代への『いのち』の連鎖をつなぐ』（編著、三学出版、2012）、『人を結び,未来を開く世代間交流』（編著、三学出版、2015）、『世界標準としての世代間交流のこれから』（編著、三学出版、2017）、『多世代交流のヒント』（編著、学研ココファンホールディングス、2017）

著者

松田 雅代
前大阪市立古市小学校　教頭

岩本 哲也
大阪市立古市小学校　教諭

資料提供　研究同人「古市理科の会」

松本　容子	松田　雅代	井上　泰志	八瀬　宗子	馬場　美帆
溝口　義崇	川端　亜也	半谷佳代子	辻　由真	森下　貴夫
青木　千夏	加茂　弥生	宮下由美子	羽根田深雪	米田　勝将
谷相　将智	岩本　哲也	上垣ゆかり	柳田　紀子	黒田　真紀
高嶋　昌樹	柴田　瑞枝	清水　彩	柴　彩菜	濱田　有紀
荒木　美紀	安藤　恵	澤　千尋	川田　宏之	宮崎　史朗
市川美穂子	手島まゆみ	上原　佳子	小笠原伸也	谷口　広司
西川　靖弘	仲　彩子			

小学校理科 「深い学び」につながる授業アイデア64
思考スキルで子どもの主体性を引き出す

2017(平成29)年12月13日　初版第1刷発行

編 著 者：溝邊和成
発 行 者：錦織圭之介
発 行 所：株式会社　東洋館出版社
〒113-0021　東京都文京区本駒込5丁目16番7号
営業部　電話03-3823-9206　FAX03-3823-9208
編集部　電話03-3823-9207　FAX03-3823-9209
振替　00180-7-96823
URL　http://www.toyokan.co.jp
デザイン：篠沢正行
印刷・製本：藤原印刷株式会社

ISBN978-4-491-03437-9
Printed in Japan

JCOPY <(社)出版者著作権管理機構 委託出版物>
本書の無断複写は著作権法上での例外を除き禁じられています。
複写される場合は、そのつど事前に、(社)出版者著作権管理機構
(電話 03-3513-6969,FAX 03-3513-6979,e-mail: info@jcopy.or.jp)
の許諾を得てください。